Schlank und fit im Beruf –

das gelingt Ihnen ganz leicht mit der Trennkost.
Verlieren Sie überflüssige Pfunde und gewinnen Sie
dafür mehr Wohlbefinden, Spannkraft und Lebensfreude. Und das alles, ohne zu hungern, ohne
Kalorien zu zählen und ohne komplizierte Regeln!
Die tollen Rezepte für die »linienfreundliche« Verpflegung am Arbeitsplatz, den Imbiß zwischendurch
oder für den kulinarischen Genuß zu Hause und
viele praktische Tips rund um die Trennkost helfen
Ihnen, Linie und Laune zu bewahren.

Die Farbfotos gestaltete Odette Teubner.

Die Temperaturstufen bei Gasherden

variieren von Hersteller zu Her-steller. Welche Stufe ihres Her-des der jeweils angegebenen Temperatur entspricht, entneh-men Sie bitte der Gebrauchs-anweisung.

Die GU-Trennkost ist ideal für Berufstätige: Sie nehmen schnell, angenehm und sicher ab, weil kein Hunger, keine Müdigkeit und keine schlechte Laune Ihre Arbeitslust und -leistung behindern. Im Gegenteil: Sie fühlen sich fit und voller Tatendrang.

Trennen – ein Kinderspiel

Ihr bester Verbündeter auf dem Weg in ein Leben ohne Liniensorgen ist die Trennung von Lebensmitteln, die vorwiegend Eiweiß enthalten, von Lebensmitteln, die reich an Kohlenhydraten sind. Eiweißreiche Lebensmittel wie Fisch, Fleisch, Eier, Tofu oder Magermilchprodukte und kohlenhydratreiche Lebensmittel wie Brot, Teigwaren, Kartoffeln, Reis oder Süßes werden täglich gegessen, kommen aber niemals gleichzeitig auf den Tisch.

Zu jeder Hauptmahlzeit gehört eine üppige Portion Salat, Rohkost und Gemüse: Zwei Drittel Ihrer Hauptmahlzeiten sollen aus Salaten und Gemüsen bestehen. Gemüse und Salate passen zu Eiweiß und zu Kohlenhydraten, sie gelten deshalb als neutral und sind zu jeder Tageszeit geeignet als kleiner Imbiß, wenn Sie der Hunger oder die Eßlust packt. Neutral sind auch Butter, Öl, Sahne und alle Lebensmittel, die ausgesprochen viel Fett enthalten, wie Nüsse, Keime und Kerne, Avocados oder Oliven. Fett ist unentbehrlich für unsere Gesundheit, weil unser Körper

Fett braucht, um fettlösliche Vitamine, wie A, E oder H, zu verwerten. Zudem sind Butter und Sahne aus der Feinschmeckerküche nicht wegzudenken. Weil aber Butter oder Sahne hochkonzentrierte Energie liefern, lautet das Motto: Weniger ist mehr – für die Linie und für die Gesundheit.

Auch Früchte gehören täglich auf Ihren Speisezettel. Damit der Körper von allen Vitalstoffen der Früchte profitieren kann, ist es wichtig zu beachten, daß die meisten Früchte und Beeren mit Eiweiß harmonieren. Deshalb gehören Früchte als Dessert zu den eiweißreichen Gerichten. Um von ausgesprochen süßen Früchten zu unterscheiden, nennen wir sie »saure Früchte«. Nur ganz süße Früchte wie Bananen, Datteln, Feigen und Trockenfrüchte passen zu Kohlenhydraten. Lediglich Heidelbeeren sind neutral und können Eiweiß- wie Kohlenhydratmahlzeiten bereichern. Ausführliche Listen der Nahrungsmittel, die vorwiegend Eiweiß oder Kohlenhydrate enthalten, sowie die lange Liste der neutralen Lebensmittel, die aus jeder Mahlzeit ein Festessen machen, finden Sie auf den Seiten 60 und 61.

Zwei Geheimnisse des Trennkost-Erfolges

Warum bewirkt die Trennung Wunder, wenn es um Linie und Wohlbefinden geht? Warum dürfen Sie sich satt essen, werden dabei trotzdem mühelos schlank und bleiben es auch?

Das erste Geheimnis ist schnell gelüftet: Kohlenhydratreiche Lebensmittel, aber auch solche, die viel Eiweiß enthalten, liefern dem Körper konzentrierte Energie. Die Tatsache, daß Sie bei der GU-Trennkost jeweils nur ein konzentriertes Lebensmittel, also Fleisch oder Nudeln, Kartoffeln oder Fisch zu sich nehmen, wirkt sich ausgesprochen positiv auf Ihre Energiebilanz aus.

Das zweite Geheimnis führt uns in das komplexe Innenleben unseres Körpers.

Verdauung gut, alles gut

Der Darm ist unser größtes und wichtigstes Abwehrorgan: Hier werden die Weichen für Ihre Gesundheit und auch für Ihr seelisches Gleichgewicht gestellt. Wer sich nach Trennkost-Richtlinien ernährt, entlastet Magen und Darm. Warum? Bei der Verdauung einer herkömmlichen Mahlzeit, zum Beispiel Steak mit Nudeln, passiert folgendes: Die Nudeln (Kohlenhydrate) werden im Mund mit Hilfe des Enzyms Ptyalin in Dextrine und Maltose gespalten. Kommt gleichzeitig das Fleisch hinzu, wird dieser Umwandlungsprozeß gestört. Die Magensäure und das Enzym Pepsin sind ihrerseits zuständig für die Vorverdauung des Steaks. Ihre Arbeit wird von den gleichzeitig in den Magen gelangenden Nudeln erschwert. Saures Aufstoßen, Völlegefühl, Magenbrennen und Müdigkeit nach den Mahlzeiten zeigen, daß die Verdauungsorgane Schwerarbeit leisten. Der unvollständig vorverdaute Speisebrei gelangt in den Darm und fordert Spitzenleistungen von Bauchspeicheldrüse und Galle. Jahrelang leisten unsere Verdauungsorgane klaglos Überstunden. Aber irgendwann streikt das schwächste Glied der Kette: Das kann der Magen selbst, der Darm, aber auch der Kreislauf, das Herz oder der Stoffwechsel sein. Auch ohne an Krankheit zu denken: Müdigkeit, Kopfschmerzen, Nervosität, Schlafstörungen und Hautprobleme können Zeugen einer überforderten Verdauung sein.

Trennen frei nach Hay

Die GU-Trennkost ist der Ernährungslehre des amerikanischen Arztes Howard Hay nachempfunden, der in den 20er Jahren sich selbst und viele Patienten durch eine strikte Trennung von Eiweiß und Kohlenhydraten von schweren Stoffwechselleiden heilte.
In vielen Punkten weicht die GU-Trennkost von den teilweise veralteten Vorschriften Hays ab.
Die GU-Trennkost wurde unter Mithilfe von Ärzten, die mit Trennkost heilen, neuen ernährungswissenschaftlichen Erkenntnissen angepaßt. Gleichzeitig wurde sie auf die Bedürfnisse gesunder Menschen zugeschnitten, die sich weniger Pfunde auf der Waage und mehr Vitalität wünschen, aber auch genußreich essen möchten.

Die Trennkost-Zauberformel: Eiweißreiche und kohlenhydratreiche Lebensmittel werden täglich, aber nie gleichzeitig gegessen.

Fit, schlank und schön

Durch die Anpassung an den aktuellen Wissensstand hat aber die GU-Trennkost nichts von ihrer Wirksamkeit eingebüßt. Im Gegenteil: Nach wenigen Tagen spüren Sie, daß es Ihnen besser geht. Die Pfunde purzeln und Ihre Verdauung funktioniert tadellos – vielleicht erstmals im Leben. Sie fühlen sich fit und unternehmungslustig, können sich bei der Arbeit und beim Sport ausgesprochen gut konzentrieren, sind ausgeglichener, seltener nervös oder reizbar. Mit der Zeit wird Ihr Teint frischer, und

der neue Glanz in Ihrem Haar zeigt, wie gut Ihnen die GU-Trennkost bekommt. Müdigkeit nach den Mahlzeiten gehört der Vergangenheit an und vielleicht stellen Sie fest, daß Sie seltener erkältet sind, daß Gliederschmerzen gelindert wurden oder ganz verschwunden sind. Im großen GU-Ratgeber »Schlank & Fit durch Trennkost« finden Sie ausführliche Antworten auf Fragen rund um die Trennkost, dort können Sie ganz genau nachlesen, wie die Trennkost auf Körper und Gemüt wirkt, warum diese Ernährungsweise Körper und Seele neu belebt.

Sechs bewährte Tricks beglei-
ten Sie zuverlässig in ein Leben
ohne Liniensorgen.

Der grundlegende
Trenn-Trick

Der Trenn-Trick ist die Basis der
GU-Trennkost: Sie essen alles,
was Ihnen schmeckt, achten
jedoch darauf, daß Sie bei
einer Ihrer Hauptmahlzeiten –
vorzugsweise beim Mittag-
essen – eiweißreiche Lebensmittel mit Salaten und Gemüsen
kombinieren und bei der nächsten Mahlzeit – vorzugsweise
abends – kohlenhydratreiche
Lebensmittel genießen, wieder-
um mit Salaten und Gemüsen.
Eine perfekte Eiweißmahlzeit
besteht zum Beispiel aus
gegrilltem Fisch mit Fenchel-
gemüse und einem bunten
Mischsalat. Keine Kartoffeln,
kein Reis, kein Brot. Eine linienfreundliche Kohlenhydratmahlzeit könnte so aussehen: eine
leckere Rohkostplatte, gefolgt
von Vollkornnudeln mit Gemü-
sesauce und Parmesan. Kein
Fleisch, kein Fisch, keine Eier.
In vernünftigen Mengen ist
Alkohol nicht verboten, eine
Tatsache, die besonders von
geselligen GU-Trennkost-Fans
geschätzt wird. Ein oder zwei
Gläser Wein sind zu Eiweißmahlzeiten erlaubt, ein Glas
Bier darf die Kohlenhydratmahlzeiten abrunden.
Um eine gern geäußerte Kritik
an der Trennkost vorwegzuneh-
men: Die Natur hat keine vollkommene Trennung vorgese-
hen. Vollkorn zum Beispiel
gehört zu den Kohlenhydraten,

weil es hauptsächlich Stärke
enthält. Im Keim des vollen Kor-
nes stecken aber auch Eiweiß
und wertvolle Öle. Bei der
Trennung geht es daher immer
um den *vorwiegenden* Anteil
von Eiweiß oder Kohlenhydraten. Die Erfahrung zeigt, daß
eine lockere Trennung vollauf
genügt, um Magen und Darm
zu entlasten und den Stoffwechsel zu linienfreundlichen Leistun-
gen anzuregen.

Der belebende Vital-
Trick

Sonnengereifte Tomaten, frische, junge Möhren, saftige
Äpfel und knackige Kirschen
sind verläßliche Verbündete
Ihrer Linie und Ihres Wohlbefin-
dens. Gönnen Sie sich vor

jeder Hauptmahlzeit einen
knackigen Salat, schwelgen
Sie in raffiniert zubereitetem
Gemüse. Genießen Sie auch
zwischendurch rohes Gemüse
und Obst. Gemüse und Salate
sind neutral und passen immer.
Bei den Früchten gehören nur
ausgesprochen süße Früchte zu
den Kohlenhydraten, wie Bananen, Datteln und Trockenfrüchte. Mit Eiweiß harmonieren alle
sogenannten »sauren« Früchte,
insbesondere Zitrusfrüchte,
aber auch Kern- und Steinobst,
Beeren und exotische Früchte.
Die in Salaten, Gemüsen und
Früchten reichlich enthaltenen
Vitamine, Mineralstoffe, Enzyme und Ballaststoffe tragen entscheidend zu Ihrer schlanken
Linie und zu Ihrer Gesundheit
bei.

*Wichtige Stützen der Trennkost: Salate und Gemüse, daneben ausreichend
Wasser helfen Ihnen, rank und schlank zu werden.*

Der ordnende Zeit-Trick

Frühstücke wie ein König, iß mittags wie ein Bürger und abends wie ein Bettelmann: Unsere Vorfahren wußten, was gut für Körper und Seele ist. Ein üppiges Frühstück gibt Kraft für einen aktiven Tag. Wer beim Frühstück zurückhaltend ißt, spart zur falschen Zeit. Mittags ist ein »bürgerliches« Essen mit Fleisch oder Fisch ausgesprochen bekömmlich, abends bereiten besänftigende Kohlenhydrate Geist und Körper auf eine ruhige Nacht vor. Keine Regel ohne Ausnahme: Wenn Sie abends eingeladen sind oder einen Kinobesuch mit anschließendem Essen im Restaurant planen, ist es einfacher, die Reihenfolge umzukehren. Verlegen Sie dann Ihre Kohlenhydratmahlzeit auf die Mittagspause.

Auch im Berufsalltag ist es nicht immer einfach, sich an die Regel Eiweiß mittags – Kohlenhydrate abends zu halten. Leicht mitzunehmen und überall erhältlich sind meist nur belegte Brote. Im Rezeptteil dieses Buches finden Sie deshalb leckere Vorschläge für eiweißreiche Mahlzeiten, die sich ideal zum Mitnehmen eignen. Warum empfiehlt die GU-Trennkost Eiweiß mittags und Kohlenhydrate abends? Weil es sich für Körper und Geist lohnt. Die im Eiweiß enthaltene Aminosäure Tyrosin bildet die Hormone Dopamin und Noradrenalin, die für ein waches Gehirn sorgen – und kein Leistungstief nach dem Mittagessen zulassen. Nicht nur Kohlen-hydrate, auch Fett und Alkohol können die anregende Wirkung dieser Hormone dämpfen. Abends beruhigen Kohlenhydrate Geist und Körper, weil sie die Insulinproduktion anregen. Insulin wäscht »Weckamine« wie Adrenalin aus dem Blut, und die Aminosäure Tryptophan kann ungestört beruhigendes Serotonin bilden. Eiweiß würde diesen Vorgang stören.

Der erfrischende Trink-Trick

Wasser ist Leben: Reines Wasser, aber auch verdünnte Gemüse- und Fruchtsäfte, Kräuter- und Früchtetee entschlacken, beleben, erfrischen und unterstützen den Körper beim Abnehmen.

Ein Glas warmes Wasser, morgens nüchtern getrunken, wirkt wie eine innere Dusche. Jedes Glas Wasser, das Sie tagsüber trinken, erfrischt Ihren Geist, dämpft Hungergefühle und regt den Stoffwechsel an. Darum spielt Wasser eine Schlüsselrolle, wenn es um Linie und Gesundheit, aber auch um Ihr Leistungsvermögen geht. Trinken Sie regelmäßig, auch wenn Sie noch keinen Durst verspüren: Durst ist bereits ein Notsignal des Körpers. Meiden Sie aber süße, auch künstlich gesüßte Getränke. Süßstoffe belasten Ihren Stoffwechsel und sind nur in kleinen Mengen erlaubt. Empfehlenswert ist Matetee. Mate regt an ohne aufzuregen, beruhigt den Magen und dämpft den Hunger. Kurzum: ein idealer Kaffee-Ersatz, zum Frühstück und auch tagsüber.

Der reinigende Gleichgewichts-Trick

Übersäuerte Zellen sind die Grundlage vieler Befindlichkeitsstörungen und Krankheiten. Viele berufstätige Menschen sind »sauer«, weil neben Fleisch, Fisch, Eiern, Wurst, Zucker, Weißmehlprodukten und Hülsenfrüchten auch Streß stark säurebildend im Körper wirkt. Da Salate, Gemüse, Früchte und Kartoffeln basisch verstoffwechselt werden, trägt die GU-Trennkost entscheidend dazu bei, das Säure-Basen-Gleichgewicht im Körper zu erhalten oder wiederherzustellen: Ihr Körper atmet auf.

Der Trimm-Trick

Um schnell schlank zu werden, müssen Sie sich nicht zur Sportskanone mausern, mit Sport und Spiel nimmt es sich aber schneller, vergnüglicher und gesünder ab. Entscheiden Sie sich für eine Sportart, die Ihnen wirklich Freude macht, sonst bleiben Sie nämlich nicht konsequent am Ball. Dann ist die Gefahr groß, nach dem ersten Muskelkater alle guten Vorsätze zu vergessen. Fangen Sie deshalb sanft an, steigern Sie allmählich. Achten Sie auf Regelmäßigkeit: Dreimal pro Woche sollten Sie auf dem Tennisplatz, im Schwimmbad oder auf dem Trimmpfad anzutreffen sein.

Entschlackt an den Start: Nach einem entschlackenden Wochenende haben Sie den Kampf gegen überflüssige Pfunde schon fast gewonnen! An diesen zwei bis drei Tagen purzeln die ersten überflüssigen Pfunde, belastendes Wasser wird ausgeschwemmt, Vitamin- und Mineraldepots werden aufgefüllt, alle Organe, allen voran Magen und Darm, atmen entlastet auf. Ein zusätzliches Plus: Sie machen einen deutlichen Strich unter Ihre schlechten Eßgewohnheiten und starten ohne überflüssigen Ballast in ein Leben voller Vitalität und ohne Liniensorgen. Reservieren Sie sich dafür ein Wochenende ohne Verpflichtungen. Wenn Sie es wünschen und Sie sich wohl fühlen, können Sie die Entschlackungskur um einige Tage in Ihren Berufsalltag verlängern.

Vorbereitungen

• Wählen Sie zunächst die Entschlackungskur aus, die Sie am meisten anspricht. Besorgen Sie die in den Rezepten angegebenen Lebensmittel sowie 20 g Glaubersalz (aus der Apotheke).
• Legen Sie eine Wärmflasche aus Gummi zurecht.
• Leisten Sie sich eine reichhaltige Feuchtigkeitscreme, eine gute Körpercreme, einen milden, duftenden Badezusatz.
• Der Nahrungsentzug schärft alle Sinne und macht sie empfindlicher. Sorgen Sie für behagliche Ordnung, Wärme und Ruhe.

• Tun Sie etwas für Stimmung und Geist: Kaufen Sie sich den Roman, den Sie schon immer lesen wollten, oder die CD, die Sie sich schon lange wünschen.

Freitag abend

• Stellen Sie Ihr Gewicht fest.
• Genießen Sie eine feine, leichte Mahlzeit, verzichten Sie auf Alkohol und gehen Sie früh ins Bett.

Samstag

• Schlafen Sie genüßlich aus.
• Gut begonnen ist halb gewonnen: Mischen Sie die 20 g Glaubersalz mit 300 ml lauwarmem Wasser, rühren Sie gut um, trinken Sie das Gemisch. Das schmeckt scheußlich – ist aber unübertrefflich, wenn es darum geht, den Darm schonend und gründlich zu reinigen und zu entgiften. Zudem dämpft diese Behandlung den Hunger.
• Essen beziehungsweise trinken Sie gemäß der Anleitung der von Ihnen ausgewählten Kur.

Bitte beachten

• Trinken Sie, soviel Sie können. Stilles Mineralwasser oder leichter Kräutertee sind ideal, um die Entgiftung zu beschleunigen und Hungergefühle zu bannen.
• Lesen Sie, schlafen Sie, gehen Sie spazieren, nehmen Sie ein Bad, widmen Sie sich

Ihrer Haut, Ihren Haaren, Ihren Nägeln. Tun Sie aber auch mal gar nichts, genießen Sie die Stille und lassen Sie die Seele baumeln.
• Gönnen Sie sich um etwa 13 Uhr einen Leberwickel, um die Entgiftung zusätzlich zu beschleunigen.
Ein Frottiertuch in heißes Wasser tauchen, gut auswringen und auf Bauch und Leber legen. Darüber kommen eine nicht zu prall mit heißem Wasser gefüllte Wärmflasche und ein trockenes Tuch. Eine Stunde wirken lassen: Sie werden schlafen wie ein Murmeltier!
• Gehen Sie früh ins Bett. Sollten Sie sich unruhig fühlen: Gönnen Sie sich einen zweiten Leberwickel.

Sonntag

• Wie Samstag, aber ohne die Glaubersalz-Behandlung. Sorgen Sie für Abwechslung: Rufen Sie Ihre beste Freundin an, gehen Sie zu Fuß zum nächsten Kiosk und kaufen Sie sich all die Zeitschriften, für die Sie sonst keine Zeit haben, auch ein Kinobesuch lenkt ab.
• Am Montag morgen bestätigt die Waage, daß Sie zwei bis vier Pfund verloren haben.

Rein mit Reis

Berufstätige schwören auf die Reis-Kur, weil sie äußerst angenehm ist: Es kommt kaum Hunger auf und der Reis ist ideal zum Mitnehmen. Bis zu zehn Tage dürfen Sie mit Reis fasten.

So wird's gemacht:
Für zwei Tage brauchen Sie:
• 300 g Naturreis
• Gomasio (Sesam-Meersalz-Gemisch aus dem Reformhaus)
• Tamari (naturvergorene Sojasauce aus dem Reformhaus)
• Olivenöl
• Meersalz
Den Reis in 3/4 Liter Wasser mit 1–2 gestrichenen Teelöffeln Salz aufkochen und bei schwacher Hitze zugedeckt in etwa 40 Minuten garen. Den Topf von der Herdplatte nehmen und etwa 30 Minuten zugedeckt ziehen lassen.
Für eine Mahlzeit etwas Olivenöl in einer Pfanne erhitzen und vier gehäufte Eßlöffel gekochten Reis unter ständigem Wenden braten. Mit einem Teelöffel Gomasio und einigen Tropfen Tamari würzen. Nicht vergessen: viel trinken!

Schön mit Ahornsirup

Ahornsirup schmeckt gut und ist reich an basenbildenden Mineralstoffen. Mit frischem Zitronensaft entsteht ein Erfrischungsgetränk, das die Haut sichtbar klärt. Der zugefügte Cayennepfeffer wärmt und wirkt schleimlösend. Ein bis drei zusätzliche Tage dürfen Sie mit dieser Kur am Arbeitsplatz fasten.

Entschlacken mit Früchten oder Säften ist ausgesprochen genußvoll!

So wird's gemacht:
Für ein Glas benötigen Sie:
• 2 Eßlöffel frischgepreßten Zitronensaft
• 2 Eßlöffel Ahornsirup
• 1 Prise Cayennepfeffer
Die Zutaten mit 300 ml Wasser mischen. Täglich sieben bis zehn Gläser davon trinken.

Schlank mit Saft

Mischen Sie sich Ihren Lieblingsdrink aus frischgepreßten Gemüsesäften! Auch Gemüsesäfte aus der Flasche, wenn möglich aus biologischem Anbau, sind geeignet. Bis zu einer Woche können Sie mit Gemüsesaft fasten.
So wird's gemacht:
• Täglich etwa 1,5 l Gemüsesaft, im Verhältnis eins zu eins mit Leitungswasser oder stillem Mineralwasser verdünnt, über den Tag verteilt trinken. Saft gut einspeicheln, nicht herunterstürzen.

Fit mit Ananas und Trauben

Zwei oder drei Tage lang nur süße, frische Ananas oder Trauben, oder an einem Tag Trauben, am nächsten Tag Ananas, dann wieder Trauben wirken Wunder an Linie und Teint. Ananas enthält spezielle Enzyme, die die Fettverbrennung gezielt fördern, und der Traubenzucker belebt und erfrischt.
So wird's gemacht:
• Täglich zwei bis drei Kilogramm Trauben oder Ananas in beliebigen Mengen genießen. Zusätzlich stilles Mineralwasser trinken.

Die Wunderwoche ist ungeduldigen, dynamischen Menschen wie Ihnen gewidmet, denen rasch sichtbare Resultate wichtig sind. Aber auch allen anderen, die ganz schnell einige überflüssige Pfunde verlieren möchten. Zum Beispiel vor dem Sommerurlaub oder wenn ein Fest bevorsteht und der Reißverschluß Ihres Lieblingskleides klemmt. Sie können, je nach Startgewicht, drei bis fünf Pfund verlieren. Aber: Auch Wunder haben ihren Preis. Die Ernährungsweise, bei der Sie wahllos prassen und schlemmen können und trotzdem abnehmen, gibt es nicht – wird es nie geben. Die GU-Trennkost macht Ihnen den Verzicht ausgesprochen leicht. Und – für Berufstätige ganz wichtig – der zusätzliche Aufwand hält sich in Grenzen. Der Lohn für die Umstellung und ein Minimum an Disziplin: eine sicht- und meßbar schlankere Figur und ein ganz neues Wohlbefinden. Bereits nach einer Woche fühlen Sie sich federleicht, sind voller Tatkraft und Lebensfreude.

Hilft bei Heißhunger: Viel trinken und Rohkost essen!

Trennkost-Schnupperwoche

Ein weiterer Vorteil der Wunderwoche: Sie lernen, wie die Trennkost in der Praxis funktioniert. Sie fühlen, was diese Ernährungsweise bewirkt. Sie erfahren, wie sie funktioniert, wie kombiniert werden kann, wie groß die Portionen ausfallen. Deshalb ist die Wunderwoche ein erfolgversprechender Einstieg in ein Leben ohne Liniensorgen. Gönnen Sie sich vorher zwei bis drei entschlackende Tage: Sanfte Entschlackungskuren finden Sie auf der Seite 9.
Halten Sie sich sieben Tage lang an die Rezepte und an die angegebenen Mengen. Der Menüplan auf Seite 12 soll Ihnen als Richtlinie dienen.

Alkohol macht Pause

In der Wunderwoche dreht sich alles ums Abnehmen: Darum sollten Sie auf die leere Energie des Alkohols vorübergehend verzichten. Trinken ist und bleibt aber sehr wichtig. Trinken Sie möglichst viel Wasser, leichten Kräutertee und stark verdünnte Gemüsesäfte.

Das hilft auch bei Hungerattacken. Sollte sich dennoch Hunger melden, können Sie ihn mit einem Stück Gurke, Paprikaschote oder einer Tomate besänftigen.

Abnehmen leicht gemacht

Gehen Sie in der Wunderwoche bewußt sparsam mit Fetten um: Je weniger Öl Sie für Ihre Salatsauce verwenden, desto günstiger fällt die Energiebilanz aus. Verdünnen Sie Ihr Dressing mit Gemüsebrühe oder mit Joghurt. Reduzieren Sie aber niemals die Salatportionen! Ihr Körper braucht täglich zweimal mindestens 200 g Blattsalate oder rohes Gemüse.

Wunder zwischen Fax und PC

Der Menüplan der Wunderwoche sieht mittags eine Eiweißmahlzeit vor, weil Eiweiß Ihre Aufmerksamkeit und Ihre Tatkraft fördert. Darum finden Sie im Menüplan auf Seite 12 von Montag bis Freitag Eiweißgerichte, die Sie bequem an den Arbeitsplatz mitnehmen können und aus denen mit wenig Aufwand eine Feinschmeckermahlzeit zwischen Fax und PC entsteht.
Sie werden bald feststellen: Das Vorkochen, das Verpacken und der Transport lohnen sich! Gönnen Sie sich während der Wunderwoche eine ausgedehnte Mittagspause, richten Sie Ihren Eßplatz gemütlich ein. Eine frische Serviette, schönes Geschirr und Besteck, ein Glas, in dem das Mineralwasser wie Champagner funkelt, sind kein Luxus und machen das Abnehmen zu einem sinnlichen Vergnügen.

Hilfe bei Zeitpannen

Leider ist unser Berufsalltag zuweilen so hektisch, daß die genüßlich-gemütliche Mittagspause ein Wunschtraum bleibt. Denken Sie daran, daß eine Mahlzeit zu überspringen noch niemandem beim Abnehmen geholfen hat! Für »fliegende« Mittagessen eignen sich alle »sauren« Früchte, kombiniert mit Magermilchquark oder -joghurt. Wenn Sie keine Zeit hatten, Ihre Mahlzeit vorzubereiten, könnte Ihr Mittagessen aus zwei hartgekochten Eiern oder 100 g Roastbeef oder 100 g kaltem Kalbsbraten bestehen. Dazu gehören immer ein bis zwei Äpfel oder eine Orange, eine Birne, sowie eine Tomate, ein Stück Gurke. Solche »Ersatzmahlzeiten« sind zwar tausendmal besser als eine übersprungene Mahlzeit, sollten aber in der Wunderwoche die Ausnahme sein.

Guten Appetit am Arbeitsplatz

Wichtig ist, daß Sie Ihre Mahlzeit praktisch und fest verpacken: Besorgen Sie sich einige gut schließende Plastik- oder Glasdosen. Den gewaschenen Salat können Sie in einem fest verschlossenen Plastikbeutel transportieren, die Sauce am besten in einem ausgedienten Marmeladenglas mit Schraubverschluß. Ist am Arbeitsplatz ein Kühlschrank vorhanden, können Sie die Salatsauce für die ganze Woche im voraus zubereiten.
Teller, Besteck, Glas und Servietten können Sie sicher am Arbeitsplatz unterbringen und waschen. Leisten Sie sich fürs Büro einen besonders schönen Teller: Ein ganzes neues Service ist teuer, aber einzeln ist auch ein kostspieliger Markenteller erschwinglich – es kann ausgesprochen Spaß machen, umgeben von Akten und Computern luxuriös zu tafeln!
Weil oft die Möglichkeit fehlt, Speisen am Arbeitsplatz aufzuwärmen, empfehlen wir in der Wunderwoche von Montag bis Freitag nur kalte Eiweißmahlzeiten. Warm sind hingegen die Abendmahlzeiten und natürlich auch die Mittagessen am Wochenende. Wer abends aus geselligen oder beruflichen Gründen eine Eiweißmahlzeit einplanen muß, findet aber auf Seite 34 einige Vorschläge für kalte Kohlenhydratmahlzeiten, die sich zum Mitnehmen an den Arbeitsplatz eignen. Notfalls ist ein Vollkornbrötchen mit Käse und reichlich rohem Knabbergemüse immer richtig. Gerade im größten Bürostreß lauert der Hungerteufel. Frische Früchte wie Äpfel, Birnen oder Orangen spenden gute Laune und laden Ihre Batterien wieder auf. Deshalb sollten Sie einen kleinen Früchtevorrat immer im Büro haben.

Einmal schlank – immer schlank

Vielleicht haben Sie nach der Wunderwoche Ihr Wunschgewicht bereits erreicht. Bravo! Jetzt können Sie nahtlos zur lockeren GU-Trennkost übergehen und nach Rezepten dieses Buches, des großen GU-Ratgebers »Schlank & fit durch Trennkost« und eigenen Kreationen schlank und fit bleiben.
Wenn Sie Ihr Wunschgewicht noch nicht erreicht haben, können Sie die Wunderwoche ohne Bedenken wiederholen oder mit anderen Rezepten aus diesem Buch ergänzen.
Bleiben Sie dem Trenngedanken treu, halten Sie sich an die Regeln fürs richtige Frühstück, Mittag- und Abendessen.

	Frühstück	Mittagessen	Abendessen	Für den kleinen Hunger
Montag	Exotisches Fruchtfrühstück (S. 18)	Gemischter Salat Hamburger mit grünen Bohnen (S. 34)	Mischsalat Tagliatelle alla panna (S. 42)	vormittags 1 Orange nachmittags bis 16 Uhr 1 Apfel
Dienstag	Joghurt mit Pflaumen (S. 16)	Kalte Tomatensuppe (S. 26) Forellenfilet auf Apfelscheibe (S. 30)	Mischsalat Spinat-Feta-Taschen (S. 44)	vormittags 2 Möhren nachmittags ab 16 Uhr 1 kleine Banane
Mittwoch	Exotisches Fruchtfrühstück (S. 18)	Bunter Endiviensalat (S. 22) Fleisch-Käse-Salat (S. 28)	Blumenkohlsalat (S. 22) Vollkornbrötchen	vormittags 1 Orange nachmittags vor 16 Uhr 1 Apfel
Donnerstag	Brot mit Konfitüre und Käse (S. 14)	Gemischter Salat Fischmousse (S. 30)	Salatteller Gemüserisotto (S. 46)	vormittags vor 11 Uhr 4 getrocknete Aprikosen nachmittags ab 16 Uhr 1 Reiswaffel
Freitag	Müsli mit Kernen (S. 16)	Lachs mit Broccoli (S. 30) 1 Apfel	Zucchini-Carpaccio (S. 34)	vormittags 200 ml Tomatensaft nachmittags ab 16 Uhr 1 Reiswaffel
Samstag	Exotisches Fruchfrühstück (S. 18)	Mischsalat Rindfleischstreifen auf Gemüse (S. 38)	Bunter Endiviensalat (S. 22) Schweizer Rösti (S. 40)	vormittags 200 ml Apfelsaft nachmittags nach 16 Uhr 20 g Rosinen
Sonntag	Sonntagsfrühstück (S. 18)	Apfel-Fenchel-Salat (S. 24) Lachs auf Spinat (S. 38)	Zucchini Gärtnerinnenart (S. 44)	vormittags 1/2 Baby-Ananas nachmittags vor 16 Uhr Sanddorn-Ananas-Drink (S. 54)
Getränke für jeden Tag	1–2 Tassen Kaffee oder Tee, bei Bedarf mit je 1 Teel. Sahne, Matetee, 200 ml Vollmilch, evtl. mit Carob-Pulver	Mineralwasser, Kräuter- und Früchtetee, verdünnter Gemüse- und Fruchtsaft	Mineralwasser, Kräutertee, verdünnter Gemüsesaft	Mineralwasser, Kräutertee, verdünnter Gemüsesaft, Kaffee oder Tee, Matetee

Die Wunderpyramide zeigt Ihnen auf einen Blick, wie Ihre zukünftige Ernährung aussehen soll: welche Nahrungsmittel günstig für Ihr Wohlbefinden sind, was Sie in Ihrem Ernährungsplan einbauen sollen und vor allem in welchen Mengen.

1. Gemüse und Salate passen zu Eiweiß und Kohlenhydraten: Sie bilden die Grundlage Ihrer gesunden Ernährungsweise.
Merke: Zwei Drittel jeder Hauptmahlzeit soll aus Gemüsen und Salaten bestehen.

2. Vollwertige Kohlenhydrate, wie Produkte aus Vollkorn, Kartoffeln, Reis und Mais sind Gralshüter Ihrer Gesundheit.
Merke: Gesunde Kohlenhydrate verwöhnen Körper und Geist mit wertvollen Vitalstoffen und machen ohne Eiweiß und ohne Fett niemals dick.

3. »Saure« Früchte passen zu Eiweißmahlzeiten und sorgen für Ihr Wohlbefinden.
Merke: Jeden Tag mindestens eine »saure« Frucht.

4. Vollmilchprodukte passen zu Eiweiß und zu Kohlenhydraten und liefern unentbehrliche Mineralstoffe und Vitamine. Gleichzeitig liefern sie konzentrierte Energie und werden deshalb sparsam eingesetzt.
Merke: Sahne, Vollmilch und fetten Käse mit Maß genießen.

5. Eiweiß ist reichlich in Fisch, Fleisch, Eiern, Tofu und Magermilchprodukte enthalten. Dabei genügen 100 g Fleisch oder 150 g Fisch völlig, der Bedarf wird häufig überschätzt.
Merke: Fisch, Fleisch, Eier und Magermilchprodukte in kleinen, feinen Portionen.

6. Zucker ist das »Stiefkind« der GU-Trennkost, weil er nur leere Kohlenhydrate liefert. Zum Süßen sollten Sie Honig, Ahornsirup und Birnendicksaft bevorzugen, weil sie komplexe Zuckerarten und Mineralstoffe enthalten. Sehr süße Früchte (Trockenfrüchte oder auch Bananen) sind wertvolle Vitamin- und Mineralstofflieferanten.
Merke: Nur sehr wenig weißen Zucker verwenden.

7. Ihr Körper braucht Fett, um fettlösliche Vitamine zu verwerten, dabei genügen Spuren von Öl und Butter, um vital und fit zu werden. Verwenden Sie nur erstklassige Fette, also vor allem kaltgepreßte Öle.
Merke: Öl und Butter äußerst sparsam verwenden.

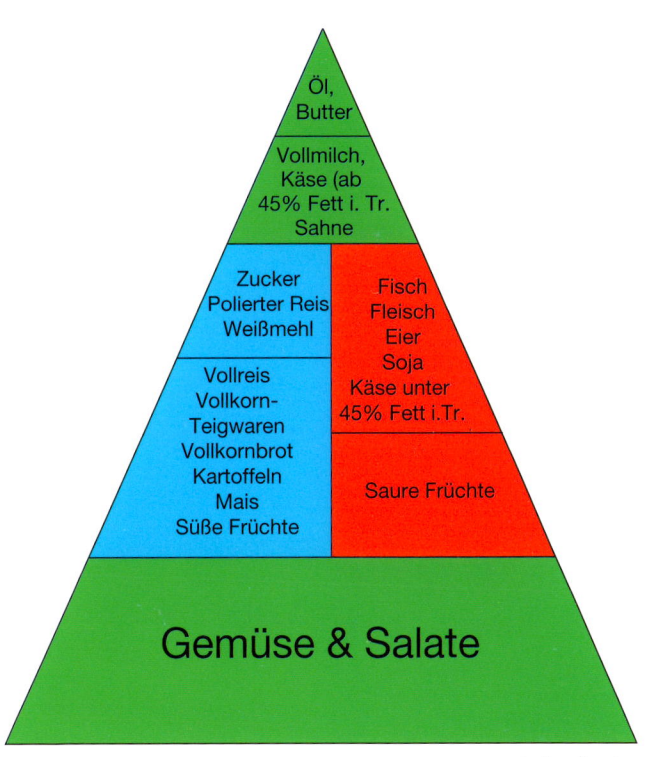

© Gabriella Plüss

Frühstücks-getränke

Zur Wahl für 1 Person:
1–2 Tassen Kaffee oder Tee, nach
Wunsch mit 1 Teel. Sahne pro Tasse
verfeinert oder
2–3 Tassen Matetee, Kräutertee, bei
Bedarf mit 1 Teel. Honig pro Tasse
gesüßt oder
200 ml Vollmilch, eventuell mit
Carob-Pulver oder einem Teel. Honig
aromatisiert

Rohkonfitüre

200 g reife frische Früchte (zum Bei-
spiel Erdbeeren, Aprikosen, Kiwi)
1–2 Eßl. Honig oder
2–3 Eßl. Traubenzucker
1 Teel. Zitronensaft
bei Bedarf wenig pflanzliches Gelier-
mittel (zum Beispiel Biobin aus dem
Reformhaus)

- Zubereitungszeit: etwa
  20 Minuten

1. Früchte je nach Sorte wa-schen oder schälen, mit Honig oder Traubenzucker und dem Zitronensaft mischen.

2. Nach Belieben das Gelier-mittel nach Packungsbeschrei-bung und bei Bedarf 1–2 Tee-löffel Wasser zu den Früchten geben und im Mixer oder mit dem Mixstab pürieren. Diese Konfitüre bleibt im Kühl-schrank etwa eine Woche frisch.

Brötchen mit mit Konfitüre

Zutaten für 1 Person:
1 Vollkornbrötchen
2 Teel. Butter
2 Teel. Rohkonfitüre

- Zubereitungszeit: etwa
  5 Minuten

Das Vollkornbrötchen halbie-ren, beide Seiten mit der Butter und der Konfitüre bestreichen.

Brot mit Kon-fitüre und Käse

Zutaten für 1 Person:
2 Scheiben Vollkornbrot (etwa 50 g)
1 Teel. Butter
1 Teel. Rohkonfitüre
30 g Käse, vollfett (ab 45 % Fett
i. Tr., zum Beispiel Gouda, Emmen-
taler, Camembert)
2–3 Radieschen

- Zubereitungszeit: etwa
  5 Minuten

1. Eine Brotscheibe mit der But-ter und der vorbereiteten Roh-konfitüre bestreichen.

2. Die andere Scheibe mit dem Käse belegen. Mit den geputzten und gewaschenen Radieschen garnieren.

Brot mit Käse und Gemüse

Zutaten für 1 Person:
40 g Käse, vollfett (ab 45 % Fett
i. Tr., zum Beispiel Emmentaler)
2 Scheiben Vollkornbrot (etwa 50 g)
1/2 Teel. Kümmel
schwarzer Pfeffer, frisch gemahlen
1/2 Gurke
4 Radieschen

- Zubereitungszeit: etwa
  10 Minuten

1. Den Käse in dünne Schei-ben schneiden und die Brot-scheiben damit belegen. Mit Kümmel und Pfeffer würzen.

2. Die Gurke waschen, schälen, in mundgerechte Stücke schneiden, die Radies-chen putzen und waschen. Das Gemüse zum Käsebrot essen.

Im Bild links:
Brot mit Käse und Gemüse
Im Bild oben: Rohkonfitüre
Im Bild Mitte:
Brot mit Konfitüre und Käse
Im Bild rechts: Brötchen mit Konfitüre

FRÜHSTÜCK

Müsli mit Kernen

Zutaten für 1 Person:
2–3 Eßl. Flockenmischung
1 Eßl. Quark (20 % Fett i. Tr.)
3 Eßl. Naturjoghurt
1 Teel. Honig
1 kleiner süßer Apfel
1 kleine Banane
2 Mandeln
1 Eßl. Sonnenblumenkerne
1 Eßl. Rosinen

• Zubereitungszeit: etwa 15 Minuten

1. Die Flocken mit dem Quark, dem Joghurt und dem Honig vermischen.

2. Den Apfel waschen und ungeschält direkt dazuraspeln, die Banane in Scheiben schneiden und dazugeben.

3. Die Mandeln hacken, mit den Sonnenblumenkernen und den Rosinen unter das Müsli mischen.

Tip!

Anstelle der Sonnenblumenkerne Kürbiskerne, Hasel- oder Walnüsse oder Sesamsamen nehmen.

Joghurt mit Pflaumen

Zutaten für 1 Person:
4–6 getrocknete Pflaumen
1 Becher Naturjoghurt (175 g)

• Zubereitungszeit: etwa 5 Minuten (+ Einweichzeit)

1. Die Pflaumen über Nacht in 100 ml Wasser einweichen.

2. Den Joghurt in eine Schüssel geben und cremig rühren. Die Pflaumen zusammen mit dem Saft dazugeben.

Tip!

Für einen besonders intensiven Saft die Pflaumen vor dem Einweichen mit einem scharfen Messer einschneiden oder bereits entkernte Pflaumen verwenden.

Brötchen mit Avocadoquark

Zutaten für 1 Person:
1/2 reife Avocado
1 Teel. Zitronensaft
2 Eßl. Quark (20 % Fett i. Tr.)
1 Teel. Milch
schwarzer Pfeffer, frisch gemahlen
Salz
1 Eßl. feingehackter Dill
1 Vollkornbrötchen

• Zubereitungszeit: etwa 15 Minuten

1. Die Avocado halbieren, den Kern entfernen und aus einer Hälfte das Fruchtfleisch mit einem Löffel auslösen, kleinhacken und sofort mit Zitronensaft beträufeln.

2. Den Quark mit der Milch verrühren, mit Pfeffer und Salz pikant abschmecken. Den Dill hinzufügen.

3. Die Avocadostückchen vorsichtig unter den Quark heben.

4. Das Brötchen halbieren, die Avocadocreme darauf häufen.

Im Bild links: Müsli mit Kernen
Im Bild rechts:
Brötchen mit Avocadoquark
Im Bild unten: Joghurt mit Pflaumen

Pikantes Müsli

Zutaten für 1 Person:
3 EßI. Magerquark
1 Teel. Sonnenblumenöl, kalt gepreßt
1 EßI. saure Sahne
1/2 Bund frische gemischte Kräuter
2 EßI. Getreidesprossen (zum Beispiel Hafer oder Roggen)
1 kleine Tomate
2 schwarze Oliven
weißer Pfeffer, frisch gemahlen
Salz

• Zubereitungszeit: etwa 10 Minuten

1. Den Quark mit dem Öl und der Sahne glattrühren.

2. Die Kräuter fein hacken, die Sprossen waschen und abtropfen lassen, die Tomate waschen, in kleine Würfel schneiden, die Oliven halbieren, entkernen.

3. Die Sprossen und die Kräuter mit dem Quark vermischen. Mit Salz und Pfeffer würzen, die Tomatenwürfel darüber streuen und mit den Olivenhälften garnieren.

Tip!

Sie können die Getreidesprossen durch gehackte Walnüsse ersetzen.

Exotisches Fruchtfrühstück

Zutaten für 1 Person:
1 reife Mango
1/2 Baby-Ananas
1 Kiwi

• Zubereitungszeit: etwa 20 Minuten

1. Die Mango schälen, das Fruchtfleisch in Scheiben vom Kern abschneiden.

2. Die Ananas vierteln, die Schale mit einem scharfen Messer in einem Stück wegschneiden, das Fruchtfleisch in Stücke schneiden und dekorativ auf den Schalenschiffchen anrichten.

3. Die Kiwi halbieren oder schälen und in Scheiben schneiden. Die Früchte auf einem Teller anrichten.

Tip!

Früchte der Jahreszeit verwenden, zum Beispiel Beeren, Äpfel, Birnen, Pflaumen, Trauben, Aprikosen. Zum Eiweißfrühstück keine Bananen, keine Feigen, keine Trockenfrüchte verwenden.

Sonntagsfrühstück

Zutaten für 1 Person:
200 ml Orangensaft, frisch gepreßt
1–2 Scheiben Schinken (etwa 30 g)
schwarzer Pfeffer, frisch gemahlen
1/2 Gurke
3–4 Radieschen
1/2 Baby-Ananas
1 Ei

• Zubereitungszeit: etwa 20 Minuten

1. Den Orangensaft in ein Glas füllen.

2. Den Fettrand vom Schinken entfernen, den Schinken mit Pfeffer würzen, mit der Gurke und den Radieschen anrichten.

3. Die halbe Ananas teilen, mit einem scharfen Messer die Schale in einem Stück wegschneiden, das Fruchtfleisch in Stücke schneiden und auf die Schale setzen.

4. Das Ei weich kochen, mit dem Orangensaft, der Ananas, dem Schinken und der Rohkost anrichten.

Im Bild oben: Pikantes Müsli
Im Bild Mitte: Sonntagsfrühstück
Im Bild unten:
Exotisches Fruchtfrühstück

SALATE

Zu jedem Mittag- oder Abendessen gehört ein reichhaltiger grüner oder gemischter Salat. Für einen Salatteller eignen sich alle Blattsalate, sowie Gurken, Paprikaschoten, Tomaten, Zucchini, Kresse, Kohlrabi, Möhren, Radieschen, Rettich, rote Bete (roh und gekocht), Sellerie, Spargel, Pilze, alle Sprossen, Zwiebeln, Knoblauch, alle frischen Kräuter und Gewürze.

Bei den Salatsaucen finden Sie ein Salatdressing, das zu den Eiweißmahlzeiten paßt (wegen der Zitrone und dem Essig) und ein Dressing für die Salate zu den Kohlenhydratgerichten.

Tips!

• Blattsalate und Gemüse können Sie in gut verschlossenen Plastikbeuteln oder Kunststoffschüsseln mit Deckel mitnehmen.
• Sauce und Kräuter in kleinen Behältern (zum Beispiel ausgediente Marmeladengläser mit Schraubverschluß) transportieren.
• Salat am Arbeitsplatz auf einem großen Teller schön anrichten, erst dann die Sauce und Kräuter darüber geben.
• Grundsaucen jeweils für die ganze Arbeitswoche zubereiten und kühl aufbewahren, wenn möglich im Kühlschrank am Arbeitsplatz.

Eiweiß-Salatsauce

Zutaten für 2–3 Portionen:
2 Eßl. kaltgepreßtes Öl (Distel-, Sonnenblumen-, Maiskeim- oder Olivenöl)
2 Eßl. Bouillon
1 Teel. Zitronensaft oder 1 Eßl. Weißweinessig
Pfeffer, frisch gemahlen
Meer-, Kräuter- oder Selleriesalz
fein gehackte Kräuter, frisch oder getrocknet
Zur Abwechslung:
1 Teel. Senf
einige Tropfen Sojasauce
2–3 Tropfen Tabasco
1 kleine Knoblauchzehe

Kohlenhydrat-Salatsauce

Zutaten für 2–3 Portionen:
2 Eßl. kaltgepreßtes Öl
2 Eßl. Gemüsebrühe
1 Eßl. saure Sahne
Pfeffer, frisch gemahlen
Meer-, Kräuter- oder Selleriesalz
fein gehackte Kräuter, frisch oder getrocknet
Zur Abwechslung:
1 Teel. Senf
einige Tropfen Sojasauce
2–3 Tropfen Tabasco
1 kleine Knoblauchzehe

Mischsalat du Chef

Zutaten für 1 Person:
2 Eßl. Salatsauce für Eiweiß- oder für Kohlenhydratmahlzeiten
50 g Bleichsellerie
1/2 gelbe Paprikaschote
1/2 Kopfsalat
1 Tomate
1/2 Bund glatte gehackte Petersilie

• Zubereitungszeit: etwa 20 Minuten

1. Den Sellerie waschen und in Streifen schneiden, die Paprikaschote waschen, entkernen und eine Hälfte in dünne Streifen schneiden. Mit 1 Eßlöffel von der Salatsauce mischen und etwa 30 Minuten zugedeckt ziehen lassen.

2. Den Kopfsalat waschen und trockenschleudern, die Tomate waschen und in kleine Würfel schneiden.

3. Die Kopfsalatblätter in mundgerechte Stücke zupfen, auf einem Teller anrichten. Tomaten, Sellerie und Paprika darauf verteilen und den restlichen Eßlöffel Sauce darüber träufeln. Mit der Petersilie garniert genießen.

Im Bild oben: Bunte Salatmischung
Im Bild Mitte: Salatsaucen
Im Bild unten: Mischsalat du Chef

Blumenkohl-salat

Zutaten für 1 Person:
1 kleiner Blumenkohl
2 Eßlöffel Essig · Salz
Für die Sauce:
20 g Roquefort
3 Eßl. Weißwein (ersatzweise
Bouillon) · 1 Teel. Essig
1/2 Bund Schnittlauch
1/2 Bund Petersilie · 1 Eßl. Sahne

• Zubereitungszeit: etwa
  30 Minuten

1. Den Blumenkohl etwa
10 Minuten in Salzwasser einlegen, gründlich unter fließen-
dem Wasser waschen und in
Röschen teilen. Mit dem Essig
und Salz in 1 l Wasser aufkochen, die Röschen darin in
7–9 Minuten knapp gar
kochen und abtropfen lassen.

2. Den Roquefort mit einer
Gabel in einer Schüssel zer-
drücken, den Weißwein und
den Essig dazugeben und glattrühren.

3. Petersilie und Schnittlauch
waschen, trockenschütteln und
fein hacken. Zusammen mit der
Sahne zur Sauce geben und
glattrühren.

4. Die Sauce über die noch
warmen Blumenkohlröschen
geben und zugedeckt im Kühlschrank mindestens eine Stunde ziehen lassen.

Chicoréesalat mit Kernen

Zutaten für 1 Person:
2 Zweige Dill
2 Eßl. Weißweinessig · Salz
weißer Pfeffer, frisch gemahlen
1 Eßl. saure Sahne
2 Eßl. Quark (20 % Fett i. Tr.)
1 Eßl. Sonnenblumenöl
1 Eßl. Sonnenblumenkerne
2–3 Chicorée (etwa 200–300 g)
1 Möhre

• Zubereitungszeit: etwa
  20 Minuten

1. Den Dill fein hacken, mit
dem Weißweinessig, Salz und
Pfeffer gut verrühren.

2. Die Sahne, den Quark und
das Öl dazugeben und sorgfältig mischen.

3. Den Chicorée waschen,
den unteren Teil keilförmig entfernen. In breite Streifen schneiden und in die Sauce geben.

4. Die Sonnenblumenkerne
zum Salat geben. Die Möhre
waschen, schälen, halbieren,
in feine Streifchen schneiden
und über den Salat streuen.

Tip!

Die Sonnenblumenkerne
können Sie nach Belieben
durch Kürbiskerne oder
Keimlinge von Sonnenblu-
men oder Kürbis ersetzen.

Bunter Endiviensalat

Zutaten für 1 Person:
2 Eßl. Kohlenhydrat- oder Eiweiß-
Salatsauce, mit Olivenöl
und Knoblauch zubereitet
100 g Endiviensalat
1 kleiner gelber Zucchino
1 kleiner grüner Zucchino
1 Tomate
4–6 Walnußkerne

• Zubereitungszeit: etwa
  20 Minuten

1. Die Salatsauce zubereiten.

2. Den Endiviensalat waschen,
trocknen und in breite Streifen
schneiden. Die Zucchini
waschen, halbieren und in
feine Streifchen schneiden. Die
Tomate waschen und in Würfel
schneiden, die Walnüsse grob
hacken.

3. Endiviensalat auf einem Teller anrichten, die Zucchini, die
Tomatenwürfel und die Nüsse
darüber geben. Mit der Sauce
beträufeln, mischen und einige
Minuten ziehen lassen.

Im Bild oben:
Chicoréesalat mit Kernen
Im Bild Mitte: Blumenkohlsalat
Im Bild unten: Bunter Endiviensalat

Birnen-Apfel-Salat

Zutaten für 1 Person:
1 Birne · 1 Apfel
3 Eßl. Orangensaft, frischgepreßt
2 Teel. Sonnenblumenkerne

• Zubereitungszeit: etwa
  10 Minuten

1. Die Birne und den Apfel waschen, vierteln und ohne Kerngehäuse in kleine Würfel schneiden.

2. Das Obst mit dem Orangensaft mischen und die Sonnenblumenkerne darüber streuen.

Chicoréesalat mit Pomelo

Zutaten für 1 Person:
2 Chicorée (etwa 300 g)
1 Pomelo, rot- oder weißfleischig
3 Eßl. Quark (20 % Fett i. Tr.)
1 Becher Naturjoghurt (175 g)
1 kleine Knoblauchzehe
1/2 Bund gemischte Kräuter
Salz
weißer Pfeffer, frisch gemahlen

• Zubereitungszeit: etwa
  25 Minuten

1. Den Chicorée waschen, den bitteren Strunk entfernen.

2. Die Pomelo schälen, dabei die weiße Haut wegschneiden. Die Schnitze filetieren, den Rest zu Saft auspressen.

3. Den Pomelosaft mit dem Quark und dem Joghurt vermische, den durchgedrückten Knoblauch dazugeben, mit Salz und Pfeffer abschmecken.

4. Die Chicoréeblätter sternförmig auf einem Teller anrichten und die Sauce darübergeben. Mit den Pomeloschnitzen in der Mitte einen Stern formen.

Apfel-Fenchel-Salat

Zutaten für 1 Person:
1 kleine Fenchelknolle
1 Apfel
3 Eßl. Joghurt
2–3 Tropfen Zitronensaft
weißer Pfeffer, frisch gemahlen
Salz

• Zubereitungszeit: etwa
  20 Minuten

1. Den Fenchel waschen, in dünne Scheiben schneiden und mit dem Joghurt vermischen.

2. Den Apfel waschen, vierteln, entkernen und in dünnen Scheibchen direkt in die Joghurt-Fenchel-Mischung schneiden.

3. Den Salat mit dem Zitronensaft, Pfeffer und Salz würzen.

Möhren-Apfel-Speise

Zutaten für 1 Person:
2 Möhren · 3 Eßl. Joghurt
1 kleiner Apfel
1 Teel. Zitronensaft · Salz
weißer Pfeffer, frisch gemahlen

• Zubereitungszeit: etwa
  10 Minuten

1. Die Möhren schälen, waschen, fein raspeln und mit dem Joghurt mischen.

2. Den Apfel direkt dazuraspeln. Mit dem Zitronensaft, Salz und Pfeffer abschmecken.

Grapefruit-Birnen-Salat

Zutaten für 1 Person:
1 Grapefruit · 1 reife Birne
Saft von einer halben Orange
2 Teel. Sesamsamen
weißer Pfeffer, frisch gemahlen

• Zubereitungszeit: etwa
  10 Minuten

1. Die Grapefruit schälen, die Birne vierteln. Beides in kleine Würfel schneiden.

2. Mit Orangensaft, Sesamsamen und Pfeffer anrichten.

Im Bild von oben nach unten: Birnen-Apfel-Salat, Chicoréesalat mit Pomelo, Apfel-Fenchel-Salat, Möhren-Apfel-Speise, Grapefruit-Birnen-Salat

Kalte Gurken-suppe

Zutaten für 1 Person:
1 mittelgroße Gurke
50 ml kalte Gemüsebrühe
1 Prise Paprikapulver, edelsüß
Salz
weißer Pfeffer, frisch gemahlen
50 g saure Sahne
1 Teel. fein gehackter Dill

- Zubereitungszeit: etwa
  15 Minuten

1. Die Gurke schälen, halbieren, in Stücke schneiden und mit der Gemüsebrühe im Mixer pürieren, mit Paprika, Salz und Pfeffer abschmecken.

2. Die Sahne daruntermischen und mit Dill bestreut servieren.

Kalte Tomatensuppe

Zutaten für 1 Person:
1 Bund glattblättrige Petersilie
1 Stange Bleichsellerie
2 reife Tomaten (etwa 300 g)
1 kleine Knoblauchzehe · Salz
schwarzer Pfeffer, frisch gemahlen
25–50 ml Gemüsebrühe
1 Teel. Olivenöl
2 Stengel frisches Basilikum

- Zubereitungszeit: etwa
  20 Minuten

1. Die Petersilie und den Bleichsellerie waschen, fein hacken, die Tomaten waschen

und vierteln. Zusammen mit dem Knoblauch im Mixer pürieren. Nach Belieben die Gemüsebrühe hinzufügen, bis die Suppe sämig ist.

2. Die Suppe mit Pfeffer und Salz würzen, mit dem Olivenöl aromatisieren. Mit Basilikumstreifchen servieren.

Broccolicreme-suppe

Zutaten für 1 Person:
300 g Broccoli
Salz
1 Zweig glattblättrige Petersilie
einige Mandelscheibchen
200 ml Gemüsebrühe
50 g Sahne
weißer Pfeffer, frisch gemahlen

- Zubereitungszeit: etwa
  25 Minuten

1. Den Broccoli waschen, Röschen abschneiden, Stiel in kleine Stücke schneiden. Stiel etwa 5 Minuten in Salzwasser vorkochen, mit den Röschen in etwa 10 Minuten weich kochen lassen.

2. Die Petersilie fein hacken, die Mandeln ohne Fett in einer Pfanne goldgelb rösten.

3. Den Broccoli abtropfen lassen, mit der Gemüsebrühe und der Sahne mit dem Pürierstab pürieren. Mit Salz und Pfeffer abschmecken, mit der Petersilie und den Mandeln garnieren.

Möhren-Zitronen-Suppe

Zutaten für 1 Person:
2 Möhren (etwa 100 g)
1 kleiner Zucchino
1 Teel. Butter · 1/2 Schalotte
1 kleine Knoblauchzehe
200 ml Gemüsebrühe
1 Eßl. saure Sahne
Saft und Schale von 1/2 unbehandelten Zitrone · Salz
weißer Pfeffer, frisch gemahlen
2 Eßl. gehackte Petersilie

- Zubereitungszeit: etwa
  40 Minuten

1. Die Möhren waschen, schälen und in Scheibchen schneiden. Den Zucchino waschen, putzen und klein würfeln.

2. Die Schalotte und den Knoblauch pellen, fein hacken. Beides in der Butter hellgelb dünsten.

3. Die Möhren und die Zucchini dazugeben und kurz mitdünsten. Mit der Brühe bei schwacher Hitze 20–25 Minuten köcheln lassen. Die Sahne hinzufügen und alles mit dem Pürierstab fein pürieren.

4. Die Suppe aufkochen lassen, mit der Zitronenschale, dem Zitronensaft, Salz und Pfeffer pikant abschmecken. Mit Petersilie bestreut servieren.

Im Bild von oben nach unten:
Kalte Gurkensuppe, Kalte Tomatensuppe, Broccolicremesuppe, Möhren-Zitronen-Suppe

Fleisch-Käse-Salat

Zutaten für 1 Person:

50 g halb- oder vollfetter Käse

50 g kalter Rinderbraten

1 Eßl. Olivenöl

3 Eßl. trockener Weißwein (ersatzweise 3 Eßl. Hühnerbouillon)

1 Eßl. Essig · Salz

schwarzer Pfeffer, frisch gemahlen

2 kleine Gewürzgurken

1 Möhre

1/2 Paprikaschote (rot oder gelb)

1/2 Bund glatte gehackte Petersilie

1 Zitronenachtel

1 feingehackte Schalotte

• Zubereitungszeit: etwa
  30 Minuten (+ Zeit zum
  Marinieren)

1. Den Käse in dünne Streifen,
den Rinderbraten in dünne
Scheibchen schneiden.

2. Aus dem Olivenöl, dem
Weißwein, dem Essig, Salz
und Pfeffer eine Sauce rühren.

3. Die Gewürzgurken in Würfelchen schneiden. Die Möhre
waschen, schälen und grob
raspeln, die Paprika in feine
Streifen schneiden. Das Gemüse unter die Fleisch-Käse-Mischung heben.

4. Den Salat mit der Marinade
beträufeln, mindestens eine
Stunde zugedeckt im Kühlschrank ziehen lassen.

5. Mit dem Zitronenachtel, der
Petersilie und der feingehackten Schalotte garnieren.

Kalbsschnitzel im Sesammantel

Zutaten für 1 Person:

1 Kalbsschnitzel (etwa 120 g)

1 Ei

1 Prise Paprikapulver, edelsüß

Salz

weißer Pfeffer, frisch gemahlen

1 Teel. Öl

2 Eßl. Sesamsamen

1 Zitronenachtel

2 Stengel Petersilie

• Zubereitungszeit: etwa
  30 Minuten (+ eventuell Zeit
  zum Marinieren)

1. Das Kalbsschnitzel leicht
flach klopfen. Das Ei verquirlen
und mit dem Paprika, Pfeffer
und Salz würzen.

2. Das Kalbfleisch in die
Eimasse legen, wenden und
nach Belieben zugedeckt eine
Stunde im Kühlschrank ziehen
lassen.

3. Eine Pfanne mit dem Öl auspinseln. Die Sesamsamen leicht
salzen, das Kalbsschnitzel
beidseitig darin wenden. In der
mäßig heißen Pfanne langsam
goldgelb braten, nach 3–4 Minuten wenden. Abkühlen lassen.

4. Das Schnitzel mit der Zitrone und der Petersilie garnieren.

Hühnerbrust à l'Orange

Zutaten für 1 Person:

1 Teel. Öl

100–120 g Hühnerbrustfilet

Salz

weißer Pfeffer, frisch gemahlen

1 Orange

Saft einer Orange, frischgepreßt

1 Gewürznelke

• Zubereitungszeit: etwa
  40 Minuten

1. Eine Bratpfanne mit Öl auspinseln. Die Hühnerbrust salzen, pfeffern und jede Seite
bei mäßiger Hitze etwa 4 Minuten braten. Herausnehmen
und abkühlen lassen.

2. Eine Orange schälen, eventuell Kerne entfernen, in dünne
Scheiben und dann in Stücke
schneiden. Den Saft auffangen.

3. Den Orangensaft mit der
Gewürznelke aufkochen, Orangenscheiben dazugeben und
alles 10–15 Minuten köcheln
lassen. Sparsam mit Pfeffer würzen und abkühlen lassen.

4. Die Hühnerbrust und das
Orangenkompott getrennt verpacken. Am nächsten Tag die
Hühnerbrust in Scheiben
schneiden und zusammen mit
dem Kompott anrichten.

Im Bild oben: Fleisch-Käse-Salat
Im Bild Mitte:
Kalbsschnitzel im Sesammantel
Im Bild unten:
Hühnerbrust à l' Orange

Fischmousse

Zutaten für 1 Person:
1 Blatt Gelatine
1 geräuchertes Forellenfilet (etwa
100–120 g)
3 Eßl. saure Sahne
Salz
weißer Pfeffer, frisch gemahlen
1/2 Teel. gehackter Dill

● Zubereitungszeit: etwa
  30 Minuten (+ mindestens
  1 Stunde zum Gelieren)

1. Die Gelatine in kaltem
Wasser einweichen, aus-
drücken und im Wasserbad
flüssig werden lassen.

2. Das Forellenfilet in kleine
Würfel schneiden, mit der
Sahne und der noch warmen
Gelatine vermischen. Die Fisch-
masse mit Salz, Pfeffer und
dem Dill würzen.

3. Ein Förmchen kalt aus-
spülen, die Masse einfüllen
und im Kühlschrank fest werden
lassen.

4. Die Mousse im Förmchen
mitnehmen, am Arbeitsplatz auf
einen Teller stürzen. Eine große
Portion Blattsalat paßt gut dazu.

Lachs mit Broccoli

Zutaten für 1 Person:
200 g Broccoliröschen
Salz · 1 Eßl. Olivenöl
1 Eßl. Weißweinessig
4 Eßl. trockener Weißwein (ersatz-
weise Gemüsebrühe)
1 kleine Knoblauchzehe
weißer Pfeffer, frisch gemahlen
1/2 Bund glattblättrige Petersilie
2 Scheiben geräucherter Lachs
5 Kapern · 1 kleine Zwiebel

● Zubereitungszeit: etwa
  35 Minuten (+ Zeit zum
  Marinieren)

1. Die Broccoliröschen waschen und in leicht gesalzenem
kochendem Wasser 4–5 Minuten blanchieren.

2. Das Öl, den Essig und den
Weißwein verrühren, die Vinaigrette mit dem durchgepreßten
Knoblauch, Salz und Pfeffer
würzen. Die Petersilie waschen,
trockenschütteln, hacken und
dazugeben.

3. Die Vinaigrette über den
noch warmen Broccoli geben
und im Kühlschrank mindestens
eine Stunde marinieren lassen.

4. Am Arbeitsplatz die Lachs-
scheiben und den Broccoli auf
einem Teller anrichten. Mit
den Kapern und der in dünne
Ringe geschnittenen Zwiebel
dekorieren.

Variante:
Lachs durch hartgekochte Eier
ersetzen.

Forellenfilet auf Apfelscheiben

Zutaten für 1 Person:
100 ml Apfelsaft · 1 Prise Zimtpulver
1 saurer Apfel (zum Beispiel Boskop)
1 Teel. frisch ausgepreßter
Zitronensaft
1 geräuchertes Forellenfilet (etwa
100–130 g)

● Zubereitungszeit: etwa
  30 Minuten

1. Den Apfelsaft mit dem Zimtpulver etwa 5 Minuten köcheln
lassen.

2. Den Apfel waschen, mit
einem scharfen Messer oder
mit dem Apfelausstecher entkernen, in etwa 1 cm dicke Scheiben schneiden, sofort in den
heißen Apfelsaft geben und in
2–3 Minuten knapp gar
kochen. Den Zitronensaft dazugeben und abkühlen lassen.

3. Die Apfelscheiben auf
einem Teller verteilen, das
Forellenfilet darauf anrichten.

Tip!

Falls es schnell gehen muß:
Richten Sie die Forelle mit
einem Eßlöffel Meerrettich
an und essen Sie einen
Apfel dazu.

Im Bild oben:
Forellenfilet auf Apfelscheiben
Im Bild Mitte: Lachs mit Broccoli
Im Bild unten: Fischmousse

Tomatenflan mit Joghurtsauce

Zutaten für 1 Person:
4 Tomaten · 1 Teel. Tomatenmark
1 Teel. Rotweinessig · 1 Blatt Gelatine
1 Eßl. gehacktes Basilikum · Salz
schwarzer Pfeffer, frisch gemahlen
50 g Sahne
2 Eßl. feingehackte Petersilie
100 g Naturjoghurt
einige Tropfen Zitronensaft
2 hartgekochte Eier

● Zubereitungszeit: etwa
   40 Minuten

1. Die Tomaten waschen, drei in Stücke schneiden, mit dem Tomatenmark und dem Essig weich kochen und mit dem Pürierstab fein pürieren. Die Gelatine in kaltem Wasser einlegen, ausdrücken, im Wasserbad auflösen und in die heiße Tomatenmasse rühren.

2. Die Masse durchpassieren, mit dem Basilikum, Salz und Pfeffer würzen. Die Tomate in kleinen Würfeln dazugeben.

3. Die Sahne steif schlagen. Sobald die Masse beginnt zu gelieren, die Sahne darunterheben. In ein kalt ausgespültes Förmchen geben und im Kühlschrank steif werden lassen.

4. Für die Sauce die Petersilie mit dem Joghurt und dem Zitronensaft pürieren, mit Salz und Pfeffer würzen.

5. Den gestürzten Tomatenflan mit Sauce und Eiern anrichten.

Omelett mit Tahin-Dip

Zutaten für 1 Person:
2 Eier · 2 Eßl. Mineralwasser
weißer Pfeffer, frisch gemahlen
Salz
je 1 Eßl. feingeschnittene Petersilie
und Schnittlauch · 1 Teel. Öl
Für den Dip:
1 Eßl. Tahin (Sesammus aus dem
Reformhaus oder Bioladen)
1 Teel. Sojasauce
3 Eßl. trockener Weißwein (ersatz-
weise Gemüsebrühe)
weißer Pfeffer, frisch gemahlen · Salz

● Zubereitungszeit: etwa
   30 Minuten

1. Die Eier mit dem Mineralwasser schaumig rühren. Mit Pfeffer und wenig Salz würzen, die Kräuter beifügen.

2. Eine Pfanne mit dem Öl auspinseln und bei kleiner Hitze ein Omelett backen. Abkühlen lassen.

3. Für den Dip das Tahin mit der Sojasauce und dem Weißwein verrühren, mit Pfeffer und Salz sparsam würzen. Omelett und Dip getrennt einpacken.

4. Zum Mittagessen das Omelett mit dem Dip beträufeln, zusammenklappen und auf Blattsalat anrichten.

Avocado mit Krevetten

Zutaten für 1 Person:
4 Dillzweige
50 g saure Sahne
1 Teel. Zitronensaft
100 g ausgelöste und gegarte
Krevetten
weißer Pfeffer, frisch gemahlen
Salz
1 reife Avocado

● Zubereitungszeit: etwa
   15 Minuten

1. Den Dill fein hacken, ein Zweiglein beiseite legen. Die saure Sahne, den Dill und einen knappen Teelöffel Zitronensaft vermischen. Die Krevetten hinzufügen, mit Pfeffer und wenig Salz würzen.

2. Die Avocado halbieren, den Stein herauslösen, die Schnittflächen mit einigen Tropfen Zitronensaft beträufeln. Die Krevetten-Sahne-Masse in die Avocadohälften füllen. Mit dem Dillzweiglein garnieren.

Im Bild oben: Avocado mit Krevetten
Im Bild Mitte: Omelett mit Tahin-Dip
Im Bild unten:
Tomatenflan mit Joghurtsauce

Hamburger mit grünen Bohnen

Zutaten für 1 Person:
2 Möhren (etwa 50 g)
1 Schalotte
1/2 Bund glatte Petersilie
120 g gehacktes, mageres Rind-
fleisch
1 Ei · Salz
schwarzer Pfeffer, frisch gemahlen
1 Teel. Öl
200 g grüne Bohnen
1 kleiner Zweig Bohnenkraut
2 Eßlöffel Eiweiß-Salatsauce
(siehe Seite 20)

• Zubereitungszeit: etwa
  40 Minuten

1. Die Möhren waschen, schälen und grob raspeln, die Schalotte pellen und hacken. Die Petersilie waschen, trockenschütteln und fein hacken.

2. Das Fleisch mit dem Ei, den Möhren, der Petersilie und der Schalotte mischen und mit Salz und Pfeffer würzen.

3. Aus der Masse zwei Hamburger formen und in dem Öl auf jeder Seite etwa 5 Minuten braten.

4. Die Bohnen waschen, putzen und in reichlich Salzwasser knapp gar kochen.

5. Das Bohnenkraut feinschneiden, zusammen mit der Salatsauce über die Bohnen geben. Gut mischen und mindestens eine Stunde marinieren lassen.

Zucchini-Carpaccio

Zutaten für 1 Person:
3 schlanke Zucchini (etwa 350 g)
50 g Parmesan
2 1/2 Eßl. Olivenöl
1 Eßl. Aceto balsamico (Balsam-
essig)
1 kleine Knoblauchzehe · Salz
schwarzer Pfeffer, frisch gemahlen
1 Eßl. feingehackte Petersilie
8 schwarze Oliven
1 Vollkornbrötchen

• Zubereitungszeit: etwa
  30 Minuten

1. Die Zucchini waschen, in dünne Scheiben schneiden. Den Parmesan in hauchdünne Scheiben hobeln.

2. Eine Pfanne mit 1 Teelöffel Olivenöl auspinseln, die Zucchini darin beidseitig anbraten und auf Küchenpapier abtropfen lassen.

3. Das restliche Öl mit dem Essig mischen, den Knoblauch dazupressen, mit Salz und Pfeffer abschmecken.

4. Die Zucchinischeiben in einer Form nebeneinanderlegen, die Vinaigrette darüber träufeln und zugedeckt mindestens eine Stunde im Kühlschrank marinieren lassen.

5. Die Zucchini auf einem Teller sternförmig anrichten, die Petersilie darüber verteilen, die Oliven in der Mitte anrichten. Das Brötchen dazu genießen.

Hirsesalat

Zutaten für 1 Person:
50 g Hirse
150 ml Gemüsebrühe
1 kleine Zwiebel
1 kleine Knoblauchzehe
2 Eßl. saure Sahne
2 Eßl. Öl
Salz
weißer Pfeffer, frisch gemahlen
einige Tropfen Sojasauce
1 Kohlrabi
2 Eßl. Erbsen, tiefgekühlt
3 grüne Oliven ohne Kern
2 grüne Salatblätter

• Zubereitungszeit: etwa
  40 Minuten

1. Die Hirse heiß waschen und in 20–25 Minuten in der Gemüsebrühe weichkochen. Erkalten lassen.

2. Die Zwiebeln und den Knoblauch pellen, fein hacken, mit der Sahne, dem Öl und den Gewürzen eine Sauce rühren.

3. Die Kohlrabi waschen, schälen und fein raspeln. Die Erbsen blanchieren, die Oliven in kleine Stücke schneiden. Das Gemüse und die Sauce mit der Hirse mischen, auf den Salatblättern anrichten.

Im Bild oben: Zucchini-Carpaccio
Im Bild Mitte:
Hamburger mit grünen Bohnen
Im Bild unten: Hirsesalat

Zürcher Kalbfleischtopf

Zutaten für 1 Person:
150 g frische Champignons
1 Eßl. Zitronensaft · Salz
Pfeffer, frisch gemahlen
1 kleine Zwiebel · 1 Teel. Öl
120 g geschnetzeltes Kalbfleisch
100 ml Weißwein (ersatzweise
Bouillon) · 1/2 Fleischbrühwürfel
100 g Sahne
1 Prise Paprikapulver, edelsüß

• Zubereitungszeit: etwa
  30 Minuten

1. Die Champignons in Scheiben schneiden, mit dem Zitronensaft beträufeln und zugedeckt in einer kleinen Pfanne etwa 2 Minuten sanft kochen lassen. Die Pilzflüssigkeit in eine Tasse umgießen, die Pilze mit Salz und Pfeffer würzen.

2. Die Zwiebel schälen, fein hacken und in einer mit Öl ausgepinselten Pfanne andünsten, das Fleisch hinzugeben und unter Wenden anbraten. Herausnehmen.

3. Den Weißwein in die Pfanne gießen, leicht einkochen lassen, die Pilzbrühe und den Brühwürfel hinzugeben und aufkochen lassen. Die Sahne angießen.

4. Das Fleisch mit Salz, Pfeffer und dem Paprika würzen und zusammen mit den Pilzen in die Sauce geben. Im Büro aufwärmen, aber nicht mehr kochen lassen.

Gefüllte Tomaten

Zutaten für 1 Person:
2 Tomaten · 1 kleine Zwiebel
1 Knoblauchzehe · 1 Teel. Öl
100 g Rinderhackfleisch · Salz
schwarzer Pfeffer, frisch gemahlen
1 Teel. Thymian, getrocknet
1 kleiner Zweig Rosmarin
100 ml Rotwein (ersatzweise
Bouillon)

• Zubereitungszeit: etwa
  60 Minuten

1. Die Tomaten waschen, den Deckel abschneiden und aushöhlen. Die Tomaten in eine feuerfeste Form stellen. Fruchtfleisch hacken und beiseite stellen. Den Backofen auf 175° vorheizen.

2. Die Zwiebel und den Knoblauch pellen, fein hacken, in einer mit Öl ausgepinselten Pfanne andünsten, das Hackfleisch dazugeben und unter Wenden anbraten.

3. Das Fleisch mit Salz, Pfeffer und Thymian würzen, den Rosmarinzweig und das Tomatenfleisch in die Pfanne geben, mit dem Rotwein ablöschen, nochmals abschmecken und einkochen lassen.

4. Die Fleischfüllung in die Tomaten geben. Die Tomaten im Backofen (Mitte, Umluft 160°) etwa 30 Minuten backen. Schmeckt warm und kalt.

Fischeintopf mit Pesto

Zutaten für 1 Person:
1 Möhre · 1 Stück Sellerie
1 Lauchstange · 1 Tomate
50 g grüne Bohnen
1 kleine Zwiebel · 3 Teel. Olivenöl
1/2 l Gemüsebrühe
1/2 Bund Basilikum
1 Knoblauchzehe
1 Eßl. Parmesan, frisch gerieben
150 g Fischfilet

• Zubereitungszeit: etwa
  40 Minuten

1. Die Möhre, den Sellerie, den Lauch, die Tomate und die Bohnen waschen, putzen und in Stücke schneiden.

2. Die Zwiebel pellen, fein hacken und in Öl andämpfen. Das Gemüse hinzufügen, mit der Gemüsebrühe ablöschen, zugedeckt 20–30 Minuten bei schwacher Hitze kochen lassen.

3. Für das Pesto das Basilikum sehr fein hacken, mit dem restlichen Olivenöl, der durchgepreßten Knoblauchzehe und dem Parmesan vermischen.

4. Am Arbeitsplatz die Suppe erhitzen, den Fisch etwa 5 Minuten darin ziehen lassen. Den Eintopf abschmecken und mit dem Pesto servieren.

Im Bild oben: Zürcher Kalbfleischtopf
Im Bild Mitte: Fischeintopf mit Pesto
Im Bild unten: Gefüllte Tomaten

Rindfleischstreifen auf Gemüse

Zutaten für 1 Person:
2 Möhren · 1 kleine Lauchstange
150 g feine grüne Bohnen
120 g Rinderfilet · Salz
schwarzer Pfeffer, frisch gemahlen
50 ml Fleischbrühe · 2 Eßl. Öl
2 Eßl. Sherry (ersatzweise Fleischbrühe oder roter Traubensaft)
1 Teel. Sojasauce

- Zubereitungszeit: etwa
  40 Minuten

1. Die Möhren schälen, waschen und in feine Streifen schneiden. Den Lauch waschen, schräg in dünne Ringe schneiden. Die Bohnen waschen und putzen.

2. Das Rindfleisch in Streifen schneiden, mit Salz und Pfeffer würzen.

3. In einer Bratpfanne das Öl erhitzen. Das Fleisch in der Pfanne etwa 1 Minute kräftig anbraten. Das Fleisch aus der Pfanne nehmen und zugedeckt warm stellen.

4. Das Gemüse in der Pfanne unter Wenden 1 Minute anbraten, mit der Brühe ablöschen und bei geringer Hitze etwa 10 Minuten köcheln lassen. Mit Sherry und Sojasauce abschmecken.

5. Das Fleisch wieder in die Pfanne zum Gemüse geben, alles mit Salz und Pfeffer abschmecken und sofort servieren.

Lachs auf Spinat

Zutaten für 1 Person:
300 g Spinat
1 Lachsforellenfilet mit Haut
(150–200 g) · 1/2 Teel. Dill
Saft einer 1/2 Zitrone
weißer Pfeffer, frisch gemahlen · Salz
3 Teel. Butter · 1 Schalotte
1 kleine Knoblauchzehe · 1 Teel. Öl
50 ml Hühnerbouillon
Muskatnuß, frisch gerieben

- Zubereitungszeit: etwa
  40 Minuten

1. Den Spinat in wenig Wasser blanchieren und beiseite stellen.

2. Das Lachsfilet mit dem Dill, dem Zitronensaft, Pfeffer und Salz würzen. Den Fisch in eine kleine Auflaufform legen, die Hautseite nach unten.

3. Den Backofen auf 175° vorheizen. Die Butter schmelzen und mit einem Pinsel den Fisch damit bestreichen.

4. Die Schalotte und die Knoblauchzehe pellen, fein hacken, in einer mit dem Öl ausgepinselten Pfanne leicht anbraten, den Spinat dazugeben, die Bouillon hinzufügen, mit Salz, Pfeffer und Muskat würzen und etwa 10 Minuten dünsten.

5. Den Fisch im Backofen (Mitte, Umluft 160°) in 7–8 Minuten garen. Spinat und Lachs auf einem vorgewärmten Teller anrichten

Verlorene Eier in Tomatensauce

Zutaten für 1 Person:
1 kleine Zwiebel
1 kleine Knoblauchzehe
1 Eßl. Olivenöl
1 Dose geschälte Tomaten (400 g)
1 Lorbeerblatt
1 kleiner Zweig Rosmarin
schwarzer Pfeffer, frisch gemahlen
Salz · 2 Eier

- Zubereitungszeit: etwa
  40 Minuten

1. Die Zwiebel und den Knoblauch schälen und fein hacken, im Olivenöl andünsten. Den Backofen auf 175° vorheizen.

2. Die Tomaten, den Lorbeer und den Rosmarin beifügen, ohne Deckel köcheln lassen, bis die Sauce dicklich ist. Die Tomatensauce mit Pfeffer und Salz würzen.

3. Die Tomatensauce in eine feuerfeste, flache Form geben. Zwei Mulden hineindrücken.

4. Die Eier aufschlagen und vorsichtig hineingeben. Die Form abdecken. Im Backofen (Mitte, Gas Stufe 2, Umluft 160°) etwa 5 Minuten stocken lassen. Vor dem Servieren mit Pfeffer und Salz würzen.

Im Bild oben:
Rindfleischstreifen auf Gemüse
Im Bild Mitte: Lachs auf Spinat
Im Bild unten:
Verlorene Eier in Tomatensauce

Käsekartoffeln mit Gemüse

Zutaten für 1 Person:
2 mittelgroße Kartoffeln (etwa 200 g)
200 g Gemüse (zum Beispiel
Möhren, Broccoli, Fenchel, Blumen-
kohl, Lauch)
Salz · 50 g Hüttenkäse
1 Eßl. Schnittlauch in Röllchen
schwarzer Pfeffer, frisch gemahlen
1 Scheibe Käse, vollfett (etwa 20 g)
1 Scheibe Kräuterkäse, vollfett (etwa
20 g) · 5 g Butter

- Zubereitungszeit: etwa
  50 Minuten

1. Die Kartoffeln waschen und in der Schale gar kochen.

2. Inzwischen das Gemüse in mundgerechte Stücke schneiden und in wenig Salzwasser knapp gar kochen. Den Backofen auf 200° vorheizen. Das Gemüse warm stellen. Den Hüttenkäse und den Schnittlauch mischen, mit Salz und Pfeffer abschmecken.

3. Die Kartoffeln halbieren, zwei Hälften mit je einer Scheibe Käse belegen und mit Pfeffer würzen. Die anderen Hälften mit Butter bepinseln, mit Salz und Pfeffer würzen.

4. Die Kartoffeln auf ein Blech legen und im Ofen (Mitte, Umluft 180°) in etwa 10 Minuten überbacken. Mit dem Gemüse und dem Hüttenkäse anrichten.

Schweizer Rösti

Zutaten für 1 Person:
2 mittelgroße Kartoffeln vom Vortag
(etwa 200 g), in der Schale gekocht
Salz
1 Teel. Oregano, getrocknet
schwarzer Pfeffer, frisch gemahlen
1 Eßl. Öl
1 Teel. Butter

- Zubereitungszeit: etwa
  20 Minuten

1. Die Kartoffeln schälen, grob raspeln, mit Salz, dem Oregano und Pfeffer würzen.

2. Das Öl in einer schweren Bratpfanne erhitzen, die Kartoffeln hineingeben und zu einem dünnen Fladen formen. Hitze herunterschalten und in etwa 8 Minuten eine Seite knusprig braten.

3. Einen flachen Teller über die Pfanne legen, die Rösti darauf kippen. Die Butter in die Pfanne geben und die Rösti auf der anderen Seite in etwa 5 Minuten goldbraun braten.

Variante:
2 Minuten vor Ende der Bratzeit 2 Eßl. geriebenen Emmentaler über die Rösti streuen und zugedeckt 1–2 Minuten braten, bis der Käse geschmolzen ist.

Grünkern-Galetten

Zutaten für 1 Person:
50 g Grünkern
1 Prise Salz
1/2 Bund gemischte Kräuter (zum
Beispiel Petersilie, Schnittlauch,
Kerbel)
2 Eßl. Vollkornmehl
1 Teel. Kräutersalz
1 Eßl. Öl

- Zubereitungszeit: etwa
  1 1/4 Stunden (davon etwa
  1 Stunde Quellzeit + Einweichzeit)

1. Grünkern über Nacht in 200 ml Wasser mit einer Prise Salz einweichen. Zugedeckt im Einweichwasser bei schwacher Hitze 40–60 Minuten köcheln lassen. Auf der abgeschalteten Herdplatte etwa 10 Minuten quellen lassen.

2. Die Kräuter fein hacken, zusammen mit dem Vollkornmehl und dem Kräutersalz dem Grünkern beifügen und die Masse etwa 5 Minuten kneten.

3. Aus der Masse drei flache Galetten (Bratlinge) formen.

4. Das Öl in einer Pfanne erhitzen und die Galetten darin auf jeder Seite in 3–4 Minuten goldbraun braten. Auf Küchenpapier abtropfen lassen.

Im Bild oben:
Käsekartoffeln mit Gemüse
Im Bild Mitte: Grünkern-Galetten
Im Bild unten: Schweizer Rösti

Minestrone mit Parmesan

Zutaten für 1 Person:
40 g getrocknete weiße Bohnen
1 kleine Zwiebel
1 Knoblauchzehe · 1 Möhre
1 Stange Lauch
1 Stück Bleichsellerie
1/2 kleiner Wirsing · 1 Eßl. Öl
3/4 l Gemüsebrühe · 1 Lorbeerblatt
1/2 Bund glattblättrige Petersilie
2 Stengel Selleriekraut
schwarzer Pfeffer, frisch gemahlen
Salz
30 g Parmesan, frisch gerieben

- Zubereitungszeit: etwa 70 Minuten (+ Einweichzeit)

1. Die Bohnen 24 Stunden in kaltem Wasser einweichen.

2. Die Zwiebel und den Knoblauch pellen, fein hacken. Alle Gemüse putzen, waschen und kleinschneiden. In einem Schmortopf das Öl erhitzen, das Gemüse dazugeben und etwa 5 Minuten unter ständigem Rühren andünsten.

3. Mit der Brühe ablöschen. Die Bohnen ohne das Einweichwasser dazugeben. Das Lorbeerblatt dazugeben. Zugedeckt etwa 40 Minuten bei kleiner Hitze köcheln lassen.

4. Die Petersilie und das Selleriekraut fein hacken. Die Minestrone mit Pfeffer und Salz abschmecken. Mit den Kräutern bestreut servieren. Den Parmesan dazu reichen.

Spaghetti mit rohen Tomaten

Zutaten für 1 Person:
1 kleine Zwiebel
1 Knoblauchzehe
1 Teel. Olivenöl
4 reife Tomaten
2–3 Stengel frisches Basilikum
schwarzer Pfeffer, frisch gemahlen
Salz · 50 g Vollkornspaghetti
30 g Parmesan, frisch gerieben

- Zubereitungszeit: etwa 20 Minuten

1. Die Zwiebel und den Knoblauch pellen, fein hacken, in einer mit dem Olivenöl ausgepinselten Pfanne andünsten. Die Tomaten waschen, in Würfel schneiden und in die Pfanne geben. Mit Pfeffer und Salz gut würzen. Die Tomaten nur heiß werden lassen und vor dem Siedepunkt vom Herd nehmen.

2. Die Spaghetti in reichlich Salzwasser knapp gar kochen.

3. Das Basilikum grob schneiden und zu den Tomaten geben. Die Spaghetti gut abtropfen lassen, in einen vorgewärmten Teller geben und die Sauce darüber gießen. Mit dem Parmesan bestreuen.

Tagliatelle alla panna

Zutaten für 1 Person:
100 g Champignons
1 kleine Zwiebel · 1 Teel. Öl
100 ml Gemüsebrühe
100 g Sahne · Salz
weißer Pfeffer, frisch gemahlen
50 g Vollkornnudeln
20 g Parmesan, frisch gerieben

- Zubereitungszeit: etwa 30 Minuten

1. Die Champignons mit Küchenpapier abreiben, die Stielenden abschneiden. Die Zwiebel pellen, klein würfeln, in einer mit Öl ausgepinselten Pfanne kurz anbraten.

2. Mit der Gemüsebrühe ablöschen und die Champignons in Scheiben direkt in die Flüssigkeit schneiden. Die Sahne dazugeben, mit Salz und Pfeffer würzen und bei schwacher Hitze auf die Hälfte einkochen lassen.

3. Inzwischen die Nudeln in reichlich Salzwasser knapp gar kochen, gut abtropfen lassen und direkt in die Champignonsauce geben. Den Käse darunterziehen und sofort anrichten.

Im Bild oben: Tagliatelle alla panna
Im Bild Mitte:
Minestrone mit Parmesan
Im Bild unten:
Spaghetti mit rohen Tomaten

Zucchini Gärtnerinnenart

Zutaten für 1 Person:
2 Zucchini (etwa 300 g)
2 Möhren (etwa 200 g)
1 Knoblauchzehe
1/2 Bund glatte Petersilie · Salz
schwarzer Pfeffer, frisch gemahlen
2 Eßl. Parmesan, frisch gerieben
1 Eßl. Olivenöl
100 ml Gemüsebrühe
1 Vollkornbrötchen

● Zubereitungszeit: etwa
 45 Minuten

1. Den Backofen auf 200° vorheizen.

2. Die Zucchini waschen, der Länge nach halbieren, mit einem Löffel das Fruchtfleisch herauskratzen. Das Fruchtfleisch in eine kleine Schüssel geben. Die Zucchini-Schiffchen in eine feuerfeste flache Form legen.

3. Die Möhren waschen, schälen, fein raspeln und zu dem Zucchini-Fruchtfleisch geben. Mit dem durchgepreßten Knoblauch, der gehackten Petersilie, Salz und Pfeffer würzen und die Masse in die Zucchini-Schiffchen füllen. Mit dem Parmesan bestreuen und das Olivenöl darüberträufeln.

4. Die Brühe zu den gefüllten Zucchini gießen. Im Backofen (Mitte, Umluft 180°) in 25–30 Minuten garen. Heiß oder lauwarm servieren. Das Brötchen dazu essen.

Mais mit Ratatouille

Zutaten für 1 Person:
300 ml Gemüsebrühe
1 Lorbeerblatt
50 g grober Maisgrieß (Kukuruz)
2 Paprikaschoten (rot und gelb)
1 Zucchino · 2 Tomaten
1 Zwiebel · 1 kleine Knoblauchzehe
1 Teel. Olivenöl · Salz
schwarzer Pfeffer, frisch gemahlen
1 kleiner Zweig Rosmarin
20 g Parmesan, frisch gerieben

● Zubereitungszeit: etwa
 35 Minuten

1. Die Brühe aufkochen, das Lorbeerblatt zufügen und den Mais einrühren. Bei mittlerer Hitze etwa 30 Minuten unter gelegentlichem Rühren kochen.

2. Inzwischen die Paprika waschen, Kerne entfernen und die Schoten in etwa 2 cm breite Streifen schneiden. Den Zucchino waschen und in Scheiben schneiden, die Tomaten waschen und vierteln.

3. Die Zwiebel und den Knoblauch schälen und mittelfein hacken, in einer mit dem Olivenöl ausgepinselten Pfanne glasig andünsten. Das Gemüse dazugeben, mit Salz und Pfeffer würzen, den Rosmarinzweig dazutun und zugedeckt bei schwacher Hitze etwa 20 Minuten köcheln lassen.

4. Die Ratatouille mit dem Mais anrichten, den Käse darüber streuen.

Spinat-Feta-Taschen

Zutaten für 1 Person:
150 g Blattspinat · 25 g Feta
1 Schalotte · 1 kleine Knoblauchzehe
1 Teel. Öl · Salz
schwarzer Pfeffer, frisch gemahlen
2 Eßl. gehackte Petersilie
50 g Blätterteig, tiefgekühlt
1 Eigelb

● Zubereitungszeit: etwa
 50 Minuten

1. Den Spinat putzen, waschen, blanchieren, abgießen und auskühlen lassen. Den Ofen auf 220° vorheizen.

2. Den Feta in kleine Würfel schneiden. Die Schalotte und den Knoblauch pellen, fein hacken und in dem Öl andünsten. Den Spinat dazugeben und so lange dünsten, bis er trocken ist. Mit Salz und Pfeffer würzen und abkühlen lassen. Mit Feta und der Petersilie mischen.

3. Den Blätterteig zu einem Rechteck ausrollen und in zwei Quadrate teilen. Die Spinatfüllung darauf verteilen, die Ränder mit Wasser bestreichen und dreieckige Taschen formen. Die Taschen mit Eigelb bepinseln und im Backofen (Mitte, Umluft 200°) in 10–15 Minuten goldbraun backen.

Im Bild oben: Spinat-Feta-Taschen
Im Bild Mitte: Mais mit Ratatouille
Im Bild unten:
Zucchini Gärtnerinnenart

Curry-Reis-Ring

Zutaten für 1 Person:
4 getrocknete Aprikosenhälften
3 getrocknete Apfelringe
50 g Naturreis · Salz
1 Banane · 1 Teel. Öl
1 Teel. Curry
100 ml Gemüsebrühe
100 g Sahne
weißer Pfeffer, frisch gemahlen

• Zubereitungszeit: etwa
  50 Minuten (+ Einweichzeit)

1. Die Aprikosen und die
Apfelringe über Nacht in Wasser einweichen.

2. Den Reis in 300 ml Wasser
mit Salz etwa 30 Minuten
zugedeckt kochen lassen, bis
alles Wasser aufgesogen und
der Reis weich ist. Etwa 10 Minuten nachquellen lassen.

3. Die Aprikosen und die
Apfelringe abtropfen lassen, in
Stückchen schneiden. Die Ba-
nane in Scheiben schneiden.

4. Das Öl erhitzen, die Früchte
darin schwenken, mit dem
Currypulver bestäuben, mit der
Gemüsebrühe ablöschen. Alles
ein wenig einkochen lassen,
die Sahne unterziehen. Mit
Pfeffer und Salz würzen.

5. Die Butter schmelzen lassen,
den Reis zu einem Ring formen,
mit der flüssigen Butter beträufeln, die Früchte in der Mitte
anrichten.

Gemüserisotto

Zutaten für 1 Person:
50 g Naturreis · Salz
1 kleine Knoblauchzehe
3 Frühlingszwiebeln
1 Möhre
1/2 Paprikaschote (rot oder gelb)
100 g Broccoliröschen
1 Teel. Öl · 1 Teel. helle Sojasauce
1/2 Teel. Sambal Oelek

• Zubereitungszeit: etwa
  50 Minuten

1. Den Reis in 300 ml Wasser
mit Salz bei mittlerer Hitze
etwa 30 Minuten zugedeckt
kochen lassen, bis alle Flüssigkeit aufgesogen ist. Vom Herd
nehmen und zugedeckt etwa
20 Minuten quellen lassen.
Abkühlen lassen.

2. Die Knoblauchzehe pellen
und hacken, die Frühlingszwiebeln waschen und bis zur Hälfte des grünen Stengels in dünne Ringe schneiden, die Möhre
waschen, schälen und in feine
Rädchen schneiden, den Paprika waschen, die Kerne entfernen und die Schote in feine
Streifen schneiden, die Broccoliröschen waschen.

3. Eine Pfanne mit dem Öl auspinseln, das Gemüse bei mittlerer Hitze etwa 5 Minuten unter
häufigem Wenden anbraten.
Den gekochten Reis dazugeben und mitbraten lassen. Mit
der Sojasauce und dem Sambal Oelek würzen.

Hirsebrei mit Vanille

Zutaten für 1 Person:
50 g Hirse · Salz
1 Prise Zimtpulver · 1 Vanilleschote
20 g Hasel- oder Walnüsse
1 Eßl. Honig
3 Eßl. Heidelbeeren nach Belieben
1 Zweig Zitronenmelisse nach
Belieben

• Zubereitungszeit: etwa
  30 Minuten

1. Die Hirse heiß abspülen.
100 ml Wasser mit einer Prise
Salz, dem Zimt, dem ausge-
kratzten Vanillemark und der
Vanilleschote aufkochen.

2. Hirse hineinstreuen und
etwa 5 Minuten bei schwacher
Hitze köcheln, danach auf der
ausgeschalteten Kochplatte
etwa 15 Minuten zugedeckt
quellen lassen. Deckel wegneh-
men, die Vanilleschote entfernen und den Brei ausdampfen
lassen.

3. Die Nüsse hacken, mit dem
Honig unter die Hirse mischen.
Mit den Heidelbeeren und der
Zitronenmelisse garnieren.

Im Bild oben: Curry-Reis-Ring
Im Bild Mitte: Hirsebrei mit Vanille
Im Bild unten: Gemüserisotto

Birne mit Käse und Nüssen

Zutaten für 1 Person:

1 Birne

30 g Weichkäse (zum Beispiel Camembert, Brie oder Greyerzer)

weißer Pfeffer, frisch gemahlen

2 halbe Walnußkerne

- Zubereitungszeit: etwa 10 Minuten

1. Die Birne waschen, vierteln, entkernen und auf einem Teller anrichten.

2. Den Käse in Scheiben schneiden, dazugeben und mit Pfeffer würzen.

3. Den Käse mit den Walnußhälften garnieren.

Tip!

Anstelle der Birnen können Sie auch Trauben zum Käse essen.

Apfel-Nuß-Mus

Zutaten für 1 Person:

Saft einer Zitrone

1 Teel. Traubenzucker

1 Apfel

2 Eßl. gemahlene Haselnüsse

50 g Sahne · 1 Teel. Pistazien

- Zubereitungszeit: etwa 20 Minuten

1. Den Zitronensaft und den Zucker miteinander verrühren.

2. Den Apfel hineinraspeln, die Haselnüsse dazugeben.

3. Die Sahne steif schlagen, die Pistazien hacken.

4. Die Nußmasse auf einem Teller rund formen, mit Sahne und Pistazien garnieren.

Birnen à l'Orange

Zutaten für 1 Person:

1 Birne · 2 Orangen

1 Teel. Honig

2 Teel. Butter

1 Gewürznelke · 1/2 Zimtstange

- Zubereitungszeit: etwa 30 Minuten

1. Backofen auf 180° vorheizen. Die Birne schälen, halbieren und das Kerngehäuse herausschneiden. Die Fruchthälften in eine flache, feuerfeste Form legen.

2. Die Orangen auspressen und den Saft mit dem Honig mischen.

3. Den Honig-Orangensaft über die Früchte gießen, die in Stückchen geschnittene Butter, die Nelke und die Zimtstange dazugeben.

4. Im Backofen (Mitte, Umluft 160°) etwa 20 Minuten backen.

Grapefruit mit Schneehaube

Zutaten für 1 Person:

1 Grapefruit

1 Eiweiß

1 Messerspitze Backpulver

2 Eßl. geriebene Mandeln

1 Tropfen Bittermandelaroma nach Belieben

- Zubereitungszeit: etwa 15 Minuten

1. Die Grapefruit halbieren, das Fruchtfleisch herausschneiden und in Würfel schneiden. Den Saft auffangen und zusammen mit den Fruchtwürfeln in ein feuerfestes Förmchen geben.

2. Den Backofen auf 220° vorheizen.

3. Das Eiweiß mit dem Backpulver und nach Belieben mit dem Bittermandelaroma steif schlagen, die Mandeln darunter heben. Die Eiweiß-Mandel-Masse auf das Fruchtfleisch häufen.

4. Das Förmchen im Backofen (Mitte, Umluft 200°) in 6–8 Minuten überbacken.

Im Bild von oben nach unten: Birne mit Käse und Nüssen, Apfel-Nuß-Mus, Birnen à l'Orange, Grapefruit mit Schneehaube

Honig-Bananen

Zutaten für 1 Person:
1 mittelgroße Banane
1 Teel. Butter · 1 Teel. Honig
1 Teel. Mandelsplitter

- Zubereitungszeit: etwa
  15 Minuten

1. Die Banane schälen, halbieren und in der Butter von beiden Seiten kurz braten.

2. Den Honig mit einigen Tropfen heißem Wasser verrühren und über die Bananenhälften träufeln.

2. Die Mandelsplitter in einer heißen Pfanne ohne Fettzugabe kurz rösten, die Bananenhälften damit garnieren.

Feigengratin

Zutaten für 1 Person:
1 getrocknete Feige
1 Eßl. Portwein (ersatzweise roter Traubensaft)
1 Teel. Kirschwasser nach Belieben
50 g Sahne · 1 Eigelb
1 Prise Vanillinzucker · 1 frische Feige

- Zubereitungszeit: etwa
  30 Minuten

1. Den Backofen auf 220° vorheizen. Die getrocknete Feige in Stücke schneiden und mit dem Portwein und dem Kirschwasser im Mixer pürieren.

2. Die Sahne steif schlagen und mit dem Eigelb und dem Vanillinzucker mischen.

3. Die frische Feige halbieren und die Hälften fächerartig aufschneiden.

4. Die pürierte Feige zur Sahne-Eigelb-Masse geben und in einen feuerfesten tiefen Teller gießen. Die frische Feige hineindrücken.

5. Im Backofen (oben, Umluft 200°) in 2–3 Minuten goldgelb überbacken.

Schokoladencreme

Zutaten für 1 Person:
1 Eßl. Honig
2 Teel. Carobpulver (aus dem Reformhaus)
100 g Quark (20 % Fett i. Tr.)
1 süße Birne
1 Eßl. Sahne

- Zubereitungszeit: etwa
  10 Minuten

1. Den Honig mit dem Carobpulver und dem Quark verrühren.

2. Die Birne schälen, halbieren, Kerngehäuse entfernen, Birnenhälften auf einen Teller legen.

3. Die Schokoladencreme dazu anrichten und die Sahne darüber träufeln.

Heidelbeercreme

Zutaten für 1 Person:
50 g Quark (20 % Fett i. Tr.)
1 Eßl. Sahne
1 Eßl. Zucker
1 Prise Vanillinzucker
einige Tropfen Zitronensaft
70 g Heidelbeeren, frisch oder tiefgekühlt

- Zubereitungszeit: etwa
  20 Minuten

1. Den Quark mit der Sahne glattrühren, den Zucker und den Vanillinzucker dazumischen und mit einigen Tropfen Zitronensaft aromatisieren.

2. Die frischen Heidelbeeren waschen (tiefgekühlte Beeren auftauen lassen). Die Hälfte davon im Mixer oder mit dem Pürierstab pürieren.

3. Die restlichen Beeren sorgfältig unter den Quark heben. Die Masse in eine Schale füllen und die Heidelbeersauce darüber gießen.

Tip!

Reife Himbeeren oder Brombeeren verwenden.

Im Bild von oben nach unten:
Honig-Bananen, Feigengratin, Schokoladencreme, Heidelbeercreme

Neutrale Snacks und Getränke

1 Möhre
1 Tomate
1 großes Stück Gurke
1 Kohlrabi, in mundgerechte Stücke geschnitten
1 Stück Rettich, in Streifen geschnitten
4–6 Radieschen
1 Zucchino, in Streifen geschnitten
1 Paprikaschote, in Streifen geschnitten
3–5 Oliven, grün oder schwarz
3–5 Walnüsse
1 Becher Naturjoghurt
200 ml Buttermilch
100 ml Vollmilch
Mineralwasser
Gemüsesaft, im Verhältnis 1 : 1 mit Wasser verdünnt
Kräutertee

Diese neutralen Knabbereien sind zu Eiweiß wie zu Kohlenhydraten und auch zwischendurch immer erlaubt. Wichtig ist, daß Sie rohes Gemüse gut kauen und gut einspeicheln.

Tip!

Oft genügt ein Glas Wasser, und die Gelüste sind weg.

Eiweiß-Snacks und Getränke

1 Apfel
1 Birne
3 Aprikosen
2 Kiwis
200 g Beeren
100 g Trauben
1 Orange
4–6 Mirabellen
1 Mango
4–5 Zwetschgen
1/4 frische Ananas
200 ml Magermilch
200 ml Apfelsaft
200 ml Frucht- oder Beerensaft ohne Zuckerzusatz, im Verhältnis 1 : 1 mit Wasser verdünnt

Diese fruchtigen Snacks können eine Eiweißmahlzeit ergänzen, sowie vor und nach Eiweißmahlzeiten genossen werden.

Kohlenhydrat-Knabbereien

20 g Rosinen
4 getrocknete Aprikosen
20 g gemischtes Dörrobst
1 kleine Banane
1 Scheibe Knäckebrot
1 Reiswaffel
1 Teel. Honig

Diese Knabbereien können eine Kohlenhydratmahlzeit ergänzen, sowie vor und nach Kohlenhydratmahlzeiten gegessen werden.

Tip!

Zeitplan für Ihre Zwischenmahlzeiten:
Eine Stunde vor und drei Stunden nach Eiweißmahlzeiten keine Kohlenhydrate. Zwei Stunden vor und zwei Stunden nach Kohlenhydratmahlzeiten kein Eiweiß. Neutrale Zwischenmahlzeiten sind jederzeit erlaubt.

Im Bild oben:
Kohlenhydrat-Knabbereien
Im Bild Mitte:
Eiweiß-Snacks und Getränke
Im Bild unten:
Neutrale Snacks und Getränke

Kirschen-Drink

Zutaten für 1 Glas:
10 reife, dunkelrote Kirschen
100 ml Orangensaft · 1 Teel. Zucker
1 Eigelb · Muskatnuß, frisch gerieben

• Zubereitungszeit: etwa
15 Minuten

Die entsteinten Kirschen mit dem Orangensaft, dem Zucker und dem Eigelb im Mixer gut durchmischen. Einen Hauch Muskatnuß darüber reiben.

Tomaten-Möhren-Drink

Zutaten für 1 Glas:
je 100 ml Tomaten- und Möhrensaft
50 ml Sauerkrautsaft · Selleriesalz
weißer Pfeffer, frisch gemahlen

• Zubereitungszeit: etwa
5 Minuten

Die Säfte gut mischen, mit Selleriesalz und Pfeffer würzen.

Tomaten-Molke-Drink

Zutaten für 1 Glas:
50 ml Molke
50 ml Tomatensaft · Salz
weißer Pfeffer, frisch gemahlen
50 ml Mineralwasser

• Zubereitungszeit: etwa
5 Minuten

Die Molke und den Tomatensaft mischen, mit Salz und Pfeffer würzen. Mit dem Mineralwasser aufgießen.

Ananas-Drink

Zutaten für 1 Glas:
1 Scheibe frische Ananas
200 ml Orangensaft, frisch gepreßt
1 Eßl. Birnendicksaft

• Zubereitungszeit: etwa
10 Minuten

Die Ananasscheibe in kleine Stückchen schneiden und mit dem Orangensaft und dem Birnendicksaft im Mixer pürieren.

Apfel-Sellerie-Drink

Zutaten für 1 Glas:
1/2 Apfel · Saft einer 1/2 Zitrone
je 100 ml Möhren- und Selleriesaft

• Zubereitungszeit: etwa
15 Minuten

Den Apfel schälen, vierteln und ohne Kerne in Stücke schneiden. Die Säfte mit dem Apfel im Mixer pürieren.

Sanddorn-Ananas-Drink

Zutaten für 1 Glas:
2 Eßl. Sanddorn-Vollfrucht-Mus (aus dem Reformhaus)
100 ml Ananassaft, frisch gepreßt
1 Eßl. Zitronensaft
1 Eßl. Mandelmus

• Zubereitungszeit: etwa
10 Minuten

Alle Zutaten in den Mixer geben und gründlich mischen.

Ananas-Melonen-Drink

Zutaten für 1 Glas:
1 Scheibe frische Ananas
1/4 Honigmelone
300 ml Mineralwasser

• Zubereitungszeit: etwa
10 Minuten

Die Ananas und die Honigmelone in kleine Stücke schneiden, mit 100 ml Mineralwasser im Mixer gut verrühren. Restliches Mineralwasser aufgießen.

Im Uhrzeigersinn von oben:
Apfel-Sellerie-Drink
Tomaten-Molke-Drink, Ananas-Drink,
Ananas-Melonen-Drink
Tomaten-Möhren Drink

Fällt es Ihnen schwer, nach einem anstrengenden Arbeitstag eine vollständige Mahlzeit nach Rezept zuzubereiten? Kein Problem: Sobald Sie mit den Trenn-Regeln vertraut sind, sind Ihrer Kochphantasie keine Grenzen mehr gesetzt. Sie kochen und essen, was Ihnen schmeckt, einfach oder aufwendig, nach Lust und Laune: Die GU-Trennkost paßt sich allen Erfordernissen an und läßt sich problemlos auch in einen aufreibenden und hektischen Berufsalltag einbauen. Gerade das sehen Berufstätige als einen der größten Vorteile der GU-Trennkost an. Unsere Hinweise helfen Ihnen dabei, Ihre Lieblingsrezepte linien- und trennkostfreundlich umzusetzen.

Augen auf: Was ist drin?

Die meisten Gerichte weisen einen Hauptanteil an Eiweiß oder an Kohlenhydraten auf. Beim Prüfen der Zutaten erkennen Sie schnell, ob eine Umsetzung in Trennkostregeln einfach, möglich oder zu aufwendig ist. In vielen Fällen genügt es, eine Beilage oder eine der Zutaten auszulassen oder auszutauschen: Zu Forelle blau (Eiweiß) anstelle der traditionellen Salzkartoffeln (Kohlenhydrate) eine Zucchini-Karotten-Julienne zubereiten. Bei Lasagne (Kohlenhydrate) für die Füllung viele kleingehackte, gedämpfte Gemüse (neutral) verwenden und auf das Hackfleisch (Eiweiß) verzichten. Oft geht es nur um Kleinigkeiten: Wenn beispielsweise bei einem

Nudelauflauf (Kohlenhydrate) zwei Eier (Eiweiß) zum Überbacken im Rezept stehen, schmeckt das Gericht auch mit drei Eigelb (neutral). Beim panierten Schnitzel (Eiweiß) können Sie das Paniermehl durch Sesamsamen (neutral) ersetzen und fertig sind apart schmeckende trennkostgerechte Schnitzel! In der ersten Zeit, wenn Sie noch nicht ganz sattelfest sind, hilft eine Fotokopie der Lebensmittel-Tabellen (Seite 60 und 61) am Kühlschrank oder in Herdnähe, knifflige Fragen zu lösen.

Expreß-Frühstück

Unsere Frühstücksvorschläge auf den Seiten 14 bis 19 sind innerhalb von 5 bis 20 Minuten auf dem Tisch. Weil das Frühstück Ihre wichtigste Mahlzeit ist, sollten Sie sich diese Zeit gönnen. Denn ein gesundes Frühstück gibt Ihnen die Kraft für einen aktiven Tag. Morgenmuffel können selbstverständlich ihr Frühstück mit an den Arbeitsplatz nehmen und es dort vor 9 Uhr essen. Ein Vollkornbrötchen dünn mit Butter bestreichen, mit vollfettem Käse belegen – das ist keine Hexerei und macht auch am Schreibtisch keine Probleme bei der Zubereitung.
Ein Müsli sättigt bis zum Mittagessen, ohne den Magen zu belasten. Nehmen Sie die Flocken, Rosinen, Milch, Joghurt oder Kefir und eine kleine Banane zum Arbeitsplatz mit und mischen Sie Ihr Müsli erst im Büro.

Expreß-Eiweiß-mahlzeiten

Spiegel- oder Rührreier sind der Inbegriff einer schnellen Eiweißmahlzeit. Vorher ein feiner Salat, dazu vielleicht noch eine Scheibe Schinken – fertig ist ein sättigendes Mittagessen. Mit Blattsalaten und Rohkostteller als Grundlage können Sie ganz schnell einen belebenden Mittagsimbiß zubereiten, wenn Sie 50 g geräucherten Lachs nehmen oder zwei hartgekochte Eier oder drei bis vier Scheiben Roastbeef oder Kalbsbraten. Eine »saure« Frucht kann diese schnellen Eiweißmahlzeiten abschließen.
Eine rasch zubereitete Eiweißmahlzeit für zu Hause oder zum Aufwärmen im Büro ist eine mit Hackfleisch aufgepeppte Gemüsesuppe. Dafür 80 g Hackfleisch in wenig Öl anbraten, fein würzen und zur Gemüsesuppe geben. Auch fein gewürfelte Bratenreste sind ideal. Die Suppe sollten Sie in einer größeren Menge vorkochen und dann portionsweise einfrieren. Halten Sie sich an unser Minestrone-Rezept von Seite 42, lassen Sie die Bohnen aber weg, dann haben Sie immer eine ideale Grundlage für viele Mahlzeiten. Mit etwas geriebenem Parmesan wird die Suppe zu einer neutralen Delikatesse!

Expreß-Kohlenhydrat-mahlzeiten

Verschiedene Brote und eine Auswahl aromatischer, vollfetter

Käse, dazu reichlich Gurkenscheiben, Radieschen, in Streifen geschnittene Paprikaschoten, Möhren und anderes Gemüse: Fertig ist die appetitliche, perfekte Kohlenhydrat-Abendmahlzeit. Auch Spezialitäten wie Raclette eignen sich für schnelle Mahlzeiten – und sind ideal zur Gästebewirtung. Als Beilage passen zwei bis drei kleine, in der Schale gekochte Kartoffeln und essigsauervergorene Gürkchen, Zwiebelchen und Maiskölbchen (aus dem Reformhaus oder dem Bioladen) sowie reichlich rohes, in mundgerechte Stücke geschnittenes Gemüse. Geheimtip: Servieren Sie einige in Viertel geschnittene, geschälte, sehr reife Birnen dazu, notfalls aus der Dose (Sirup weglassen). Mit Pfeffer aus der Mühle, frischgeriebener Muskatnuß und Paprikapulver würzen. Auch die bereits erwähnte reine Gemüsesuppe (ohne Fleisch) ist ideal für schnelle Kohlenhydratmahlzeiten. Einige Portionen Gemüsesuppe sollten Sie immer tiefgekühlt im Vorrat haben. Mit einer kleinen Dose Bohnen, mit kleingewürfelten, geschälten Kartoffeln (etwa 10 Minuten mitkochen), mit feinen Nudeln (etwa 7 Minuten mitkochen), mit vorgekochtem Reis oder einem Vollkornbrötchen dazu entsteht im Handumdrehen eine gehaltvolle, wohltuende Abendmahlzeit.

Eiweiß- und Kohlenhydratmahlzeiten im Nu gezaubert und appetitlich angerichtet.

Das Schönste an der GU-Trennkost: Niemand merkt, daß Sie sich linienfreundlich ernähren, also stellt auch niemand peinliche Fragen und niemand will Sie davon überzeugen, daß Sie »das« doch überhaupt nicht nötig haben. Wenn Sie es wollen, ist und bleibt die GU-Trennkost Ihr privates Anliegen, in das sich niemand einmischen kann. Gerade im Restaurant, bei Einladungen, wenn Sie Gäste haben und bei Geschäftsessen zeigt sich die GU-Trennkost von dieser guten – für viele Fans besten – Seite. Augenfällige Zurückhaltung erübrigt sich: Sie essen und trinken mit, achten aber von Ihren Tischgenossen unbemerkt auf die Zusammensetzung Ihrer Speisen. Das gleiche gilt, mit einem großen Aber, auch für Ihre Ferien.

Genuß im Restaurant

Berufstätigen kommt die GU-Trennkost ganz besonders entgegen, weil sie im Gegensatz zu herkömmlichen Diäten auch im Restaurant problemlos befolgt werden kann. Dazu einige Tips: Meist ist es einfacher, im Restaurant und bei geschäftlichen Anlässen eine Eiweißmahlzeit, egal ob mittags oder abends, einzuplanen. Denken Sie aber daran, daß dann die zweite Mahlzeit des Tages kohlenhydratreich sein muß. Seien Sie beim Fleisch wählerisch: Meiden Sie Schweinefleisch und Innereien, wenn Sie nicht sicher sein können, daß das Fleisch aus artge-

rechter Zucht stammt, bevorzugen Sie fettarmes Fleisch, Fisch oder Meerestiere. Wählen Sie einen Salat als Vorspeise. Genießen Sie die Saucen, gehen Sie aber sparsam damit um. Ersetzen Sie die herkömmlichen Beilagen wie Reis, Nudeln oder Kartoffeln durch eine Extra-Portion feines Gemüse. Weil Wein, Sekt oder Champagner zu einer Eiweißmahlzeit erlaubt sind, können Sie die Feste feiern, wie sie fallen. Mineralwasser gehört aber immer auf den Tisch. Trinken Sie nach dem Motto: Wasser für den Durst, Wein für den Genuß. Zum Dessert eignen sich »saure« Früchte. Auch magerer Käse paßt, von Birnen, Trauben und Nüssen begleitet.

Schlank in Kantine und Mensa

Wenn Sie Glück haben, haben Sie bei der Verpflegung in der Kantine oder in der Mensa mit der GU-Trennkost überhaupt keine Probleme. Die Kombination Fisch oder Fleisch mit Gemüsen und Salaten gilt als ausgesprochen gesund: Sie wird von modern geführten Betrieben häufig angeboten. »Steak und Salat« ist beliebt und linienfreundlich, auch Gemüseteller, mit oder ohne Ei, finden sich oft auf der Speisekarte. Am Salatbuffet können Sie sich problemlos eine Eiweißmahlzeit oder eine Kohlenhydratmahlzeit zusammenstellen: Salate und Gemüse bilden immer die Grundlage. Dazu

Ob im Restaurant mit Freunden oder bei Geschäftsessen: Trennen ist kein Problem, wenn Sie sich nach unseren Ratschlägen richten!

kommen für Eiweißmahlzeiten, je nach Lust und Angebot, Fleischsalat, Eier oder Fisch. Wurstwaren sollten Sie meiden. Mais-, Reis- oder Nudelsalat haben, wie auch Brot, auf einem Eiweißteller nichts zu suchen. Für eine Kohlenhydratmahlzeit dürfen Sie in den Brotkorb greifen und in kleineren Mengen auch Salate aus Mais, Reis oder Nudeln kosten, verzichten aber auf Fisch, Fleisch und Eier. Achtung: In vielen Kantinen und Mensen wird leider großzügig mit Fett umgegangen. Verzichten Sie auf Saucen, die meist auch viel Mehl enthalten.

Es kann sich lohnen, bei der Küchenchefin oder beim Chefkoch Wünsche anzubringen.

Gastfreundliche Trennung

Mit der GU-Trennkost kommen Sie als Gastgeberin, als Gastgeber ganz groß raus. Sie können Ihren Gästen eine Eiweißmahlzeit oder eine Kohlenhydratmahlzeit anbieten. Für traditionelle Einladungen, bei denen der Braten oder das üppige Stück Fleisch im Mittelpunkt steht, bietet sich eine bunte Gemüsebeilage an – Ihre Gäste werden begeistert sein. Dazu gibt es – nur für die Gäste – einen Kartoffelgratin, niemand wird merken, daß Sie darauf verzichten. Zum Abschluß paßt eine üppige Käseplatte mit Birnen, Trauben und Nüssen. Und/oder ein Sorbet mit exotischen Früchten:

Sie selbst verzichten diskret auf das Sorbet, genießen aber die Mango- und Ananasschnitze. Weil immer mehr Menschen fleischlose Menüs schätzen, wird es auch einfacher, Gäste mit Kohlenhydratmahlzeiten zu verwöhnen. Nummer eins in der Beliebtheitsskala sind nach wie vor Spaghetti, die Sie mit raffinierten Saucen, mit Gemüsen, Kräutern und Pilzen in ein Festessen umwandeln. Dazu gehören immer frisch geriebener Parmesan und ein bunter Salatteller als Vorspeise. Auch mit einer großzügig belegten Pizza oder einem cremigen Gemüseauflauf, mit Gemüselasagne oder Risotto mit Pilzen können Sie Ihren Ruf als Star-Köchin oder -Koch festigen. Zu Kohlenhydraten passen erfreulich viele Desserts, von flambierten Bananen bis hin zu üppigen Eisbechern. Auch wenn bei der süßen Pracht die Trennung stimmt: Gehen Sie Ihrer Linie zuliebe zurückhaltend damit um.

Wenn Sie selbst eingeladen sind, gelten die gleichen Richtlinien: Stehen Fisch oder Fleisch auf dem Speiseplan, entscheiden Sie sich für eine Eiweißmahlzeit und lassen Brot und Nudeln links liegen. Steht ein Kartoffel- oder Reisgericht im Mittelpunkt der Tafel, heißt Ihr Motto Kohlenhydrate. Seien Sie besonders als Gast großzügig: Wenn sich ein wenig Lachs zwischen die Nudeln verirrt hat, genießen Sie das Gericht, ohne weiter darüber nachzudenken. Schließlich gibt es auch in der Natur keine vollkommene Trennung.

Linienfreundliche Ferien

Es wäre falsch, die GU-Trennkost in den Ferienkoffer zu packen. Und es wäre jammerschade, auf spanische Paella oder griechische Moussaka zu verzichten, nur weil darin Fisch, Fleisch, Gemüse, Reis oder Nudeln bunt gemischt daherkommen.

Diät und Ferien sind Begriffe, die sich gegenseitig ausschließen. Frische Luft, Muße, Fröhlichkeit, Spaß und Vergnügen sind entschieden wichtiger als die Waage – nicht nur in den Ferien! Gute Laune beschleunigt Ihren Stoffwechsel und regt Ihre Widerstandskräfte an. Dennoch können Sie einiges tun, um keine überflüssigen Kilos als Feriensouvenir heimzubringen. Gerade im Süden hat die Trennung Tradition. Die Vorspeise besteht in der Regel hauptsächlich aus Reis oder Nudeln, die Hauptspeise »nur« aus Fleisch und Gemüsen. Sie werden genüßreich satt, wenn Sie erst einen gemischten Salat als Vorspeise bestellen und anschließend entweder die Vorspeise oder den Hauptgang wählen. Versuchen Sie's auch Ihrem Wohlbefinden zuliebe, denn Probleme mit der Verdauung sind nicht die beste Voraussetzung für Ihre erste Begegnung mit den Kunstschätzen Roms oder der Pracht von Istanbuls Moscheen. Genießen Sie die freien Tage und machen Sie auch gedanklich Ferien von Liniensorgen. Nach dem Urlaub genügen einige Tage GU-Trennkost, um Ferienpölsterchen wieder loszuwerden.

Kohlenhydratreiche Lebensmittel

Getreide:
Amaranth, Buchweizen, Bulgur, Couscous, Dinkel, Gerste, Graupen (Rollgerste), Grieß, Grünkern, Hafer, Hirse, Mais, Quinoa, (Wild-) Reis, Roggen, Weizen, Mais

Brot:
alle Brotsorten und Brötchen ohne Eiweißzusatz

Gebäck:
alle Sorten, möglichst aus Vollkornmehl oder frisch gemahlenem Getreide ohne Eiweiß gebacken

Teigwaren:
alle Teigwaren aus Vollkornmehl wie aus Weißmehl ohne Ei bzw. ohne Eiweiß wie z. B. Hartweizennudeln, Reisnudeln, Glasnudeln, Buchweizennudeln

Kartoffeln/Gemüse:
Kartoffeln und Süßkartoffeln (Batate), Topinambur (Erdartischocke, -birne)

Früchte:
süße mürbe Äpfel, Bananen, frische oder getrocknete Datteln und Feigen, ungeschwefelte Trockenfrüchte

Zum Süßen:
Ahornsirup, Zuckerrübensirup, Apfel- und Birnendicksaft, Honig, Rohzucker (unraffinierter Zucker, brauner Zucker), Ursüße, Zuckerrohrgranulat.

Außerdem:
Backpulver, Carobpulver, Edelkastanien (Maronen), Puddingpulver, Stärke (z. B. aus Mais, Kartoffeln oder Weizen), Reispapier, Tapiokastärke, Orangeat, Zitronat

Getränke zu Kohlenhydratmahlzeiten:
Bier, 1–2 Gläser milder, süßer Rotwein, Brottrunk

Neutrale Lebensmittel

Gemüse, Salate, Kräuter:
<u>Blattgemüse und Blattsalat:</u> Artischocken, Chicorée, Spinat, Mangold, Fenchel und alle Salat-sorten, <u>Wurzel- und Knollengemüse:</u> Möhren, Knollensellerie, Kohlrabi, Pastinaken, Radieschen, Rettich, rote Bete, Schwarzwurzeln, weiße Rüben; <u>Stengel- und Fruchtgemüse:</u> Auberginen, grüne Bohnen, grüne Erbsen, Gurken, Kürbis, Paprika, Rhabarber, Spargel, Staudensellerie, Tomaten, Zucchini; <u>Kohlgemüse:</u> Blumenkohl, Broccoli, Chinakohl, Grünkohl, Romanesco, Rosenkohl, Rot- und Weißkohl, Sauerkraut, Spitzkohl, Wirsing; <u>Zwiebelgemüse:</u> Frühlingszwiebeln, Schalotten, Zwiebeln, Lauch, Knoblauch

Kräuter:
alle frischen und getrockneten Kräuter wie Basilikum, Bohnenkraut, Dill, Kerbel, Liebstöckel, Majoran, Oregano, Petersilie, Schnittlauch, Thymian usw.

Pilze:
alle Zuchtpilze wie Austernpilze, Champignons, Egerlinge, alle eßbaren Waldpilze wie Birkenpilze, Butterpilze, Maronen, Morcheln, Pfifferlinge, Reizker, Rotkappen, Steinpilze, Trüffel, sowie alle getrockneten Pilze, Morcheln

Milch- und Milchprodukte:
Vollmilch (3,5–3,8 % Fett), Vorzugsmilch/Rohmilch, Stuten-, Schaf- und Ziegenmilch, Kondensmilch (alles vollfett und ungezuckert), süße Sahne, und alle gesäuerten Milchprodukte wie Buttermilch, Crème fraîche, Dickmilch, Kefir, Joghurt, saure Sahne und Schmand

Käse:
alle <u>weichen und mittelfesten Sorten</u> ab einem Fettgehalt von 45 % i.Tr., z. B. Bel paese, Brie, Butterkäse, Camembert, Edamer, Edelpilzkäse, Emmentaler, Gorgonzola, Gouda, Greyerzer, Pecorino, Provolone, Raclette, Roquefort, deutscher Taleggio; alle <u>Frischkäsesorten</u> wie Quark, Frischkäse, körniger Frischkäse, Mozzarella, Mascarpone, Ricotta, Ziegen- und Schafkäse. Auch der Hartkäse parmesan zählt zur neutralen Gruppe. Er hat zwar nur einen fettgehalt von 35 % Fett i. Tr., jedoch wegen seines geringen Feuchtigkeitsgehaltes einen absoluten Fettgehalt von 22 g pro 100 g.

Nüsse, Kerne und Samen:
alle Nüsse (außer Erdnüsse) wie Hasel-, Para-, Pekan- und Walnüsse, Kokosnuß, Mandeln und Pistazien; alle Kerne wie Kürbis-, Pinien- und Sonnenblumenkerne; alle Keime und Samen wie Sesamsamen und Weizenkeime

Neutrale Lebensmittel

Gewürze:
alle Gewürze, wie Currypulver, Ge-smüse-Extrakt, Paprikapulver, 1 Teelöffel Balsamessig oder 1 Spritzer Zitronensaft; alle Gewürzpflanzen wie Chillies, Ingwer, Knoblauch und Meerrettich.

Öle und Fette:
alle pflanzlichen und tierischen Fette wie Butter, ungehärtete und naturbelassene Fette und kaltgepreßten Öle

Rohes und Geräuchertes:
alle rohen und geräucherten Fleischsorten, z. B. Bündner Fleisch, Rohschinken oder Salami und alle rohen oder geräucherten Fische, z. B. Matjes oder Räucherlachs

Außerdem:
Avocado, Eigelb, Geliermittel, Hefe, Heidelbeeren, Keimlinge/Sprossen, Oliven

Getränke:
verdünnter Gemüsesaft, Kaffee, Kräutertees, Schwarztee, Vollmilch, Wasser, auch klare hochprozentige Spirituosen wie z. B. Korn, Grappa, Rum u.s.w.

Bitte beachten!

• Fette in jeder Form, vor allem jedoch gehärtete Fette, und Zucker nur in kleinen Mengen essen.

• Eiernudeln und Marmelade aus säurereichen Früchten passen nicht zur Trennkost.

• Hülsenfrüchte eignen sich nicht für den Trennkost-Speiseplan, da sie sowohl größere Mengen pflanzliches Eiweiß als auch Kohlenhydrate, vor allem Stärke, enthalten.

• Hülsenfrüchte als »normale« Mahlzeit ab und zu genießen, tut der Trennkost keinen Abbruch! Mit viel Gemüse kombinieren und Säure oder Natron dazugeben: Das fördert die Verdaulichkeit.

Eiweißreiche Lebensmittel

Fleisch und Wurst:
Schlachtfleisch und Innereien möglichst nur von Tieren aus artgerechter Haltung vom Kalb, Rind, Schwein, Lamm, Pferd, Kaninchen, Hase, Reh, Hirsch, Wildschwein. Auch Tatar, magerer Schinken und alle gegarten Wurstwaren

Geflügel:
Ente, Gans, Hähnchen/Huhn, Puter/Truthahn, Perlhuhn sowie Geflügelwurst und alles Wildgeflügel auch Leber von Geflügel

Fische:
alle gegarten und ungeräucherten Süß- und Salzwasserfische, z. B. Aal, Forelle, Hering, Kabeljau, Lachs, Makrele, Rotbarsch, Scholle, Seezunge, Thunfisch, Waller, Zander, auch Kaviar

Meeresfrüchte:
alle Schal-, Krusten- und Weichtiere, z. B. Austern, Garnelen, Hummer, Jakobsmuscheln, Krebse, Langusten, Muscheln, Oktopus, Schnecken, Tintenfisch

Eier:
alle ganzen Eier, außerdem das Eiklar

Milch:
Magermilch (0,3 % Fett) sowie fettarme Milch (1,5–1,8 % Fett)

Käse:
alle weichen und mittelfesten Sorten unter einem Fettgehalt von 45% Fett i. Tr., z. B. Butterkäse (30%), Camembert (30%), Edamer (30 %), Limburger (20%), Romadur (20% oder 30%)

Früchte:
Weintrauben, Kernobst wie Äpfel (außer süße mürbe Äpfel), Birnen. Quitten; alle Steinobstsorten wie Aprikosen, Kirschen, Mirabellen, Pfirsiche, Pflaumen, Zwetschgen; alle Beerensorten (außer Heidelbeeren) wie Brombeeren, Erdbeeren, Himbeeren, Johannisbeeren, Stachelbeeren; alle Wildfrüchte, z. B. Hagebutten, Holunderbeeren, Preiselbeeren, alle Zitrusfrüchte wie z. B. Clementinen, Grapefruits, Mandarinen, Orangen, Zitronen; alle exotischen Früchte (außer Bananen)

Außerdem:
Essig und Zitronensaft zum Würzen

Getränke:
Apfelwein (Cidre), Champagner, trockener Rotwein, Sekt und trockener Weißwein, Fruchtsäfte aus 100% Fruchtanteil

Zum Gebrauch

Damit Sie Rezepte mit bestimmten Zutaten noch schneller finden können, stehen in diesem Register zusätzlich auch beliebte Zutaten wie Möhren und Tomaten – ebenfalls alphabetisch geordnet und halbfett gedruckt – über den entsprechenden Rezepten.

Rezeptregister

Sachregister

IMPRESSUM

© 1995 Gräfe und Unzer Verlag GmbH, München

Redaktion: Bettina Bartz
Layout: Ludwig Kaiser
Typografie: Robert Gigler
Herstellung: Peter Pleischl
Fotos: Odette Teubner
Umschlaggestaltung: Heinz Kraxenberger
Satz: Computersatz Wirth
Reproduktionen: Longo, Bozen
Druck und Bindung: Appl, Wemding
ISBN 3-7742-2793-4

Auflage 9. 8. 7. 6.
Jahr 02 01 2000 99

Gabriella Plüss

wurde in Deutschland geboren und ist im Tessin aufgewachsen. Sie hat in Genf studiert und lebt als Medizin-Journalistin und Autorin in Zürich. Für Gräfe und Unzer hat sie als Co-Autorin am großen GU-Ratgeber »Schlank & fit durch Trennkost« mitgearbeitet. Im Rahmen ihres Clubs »Vital Plus« leitet sie Workshops zum Thema Trennkost und ganzheitlichem Wohlbefinden und bietet Koch- und Ferienkurse mit individueller Betreuung an.

Odette Teubner

wurde durch ihren Vater, den international bekannten Food-Fotografen Christian Teubner, ausgebildet. Heute arbeitet sie ausschließlich im Studio für Lebensmittelfotografie Teubner. In ihrer Freizeit ist sie begeisterte Kinderporträtistin – mit dem eigenen Sohn als Modell.